Edílson Lopes

COMO SE TORNAR UM PALESTRANTE DE SUCESSO

Dicas e estratégias de um dos maiores treinadores de palestrantes do Brasil

Presidente:
Mauricio Sita

Capa:
Gustavo Quinteros

Diagramação e projeto gráfico:
Cândido Ferreira Jr.

Revisão:
Ana Luiza Libânio

Gerente de Projetos:
Gleide Santos

Diretora de Operações:
Alessandra Ksenhuck

Diretora Executiva:
Julyana Rosa

Relacionamento com o cliente:
Claudia Pires

Impressão:
Imprensa da Fé

Dados Internacionais de Catalogação na Publicação (CIP)
(Câmara Brasileira do Livro, SP, BRASIL)

Lopes, Edílson
Como se tornar um palestrante de sucesso /
Edílson Lopes. -- São Paulo : Editora Ser Mais,
2015.

ISBN 978-85-63178-64-0

1. Carreira profissional - Desenvolvimento
2. Competências 3. Fala em público 4. Palestrantes
5. Palestras e conferências 6. Performance
7. Sucesso profissional I. Título.

14-10762 CDD-650.14

Índices para catálogo sistemático:
1. Palestrantes : Carreira profissional :
Desenvolvimento : Administração 650.14

Editora Ser Mais Ltda
Rua Antônio Augusto Covello, 472 – Vila Mariana – São Paulo, SP
CEP 01550-060
Fone/fax: (0**11) 2659-0968
Site: www.editorasermais.com.br

NOTA DO AUTOR:

Este livro foi escrito com personagens e história fictícios. Esta foi a forma que encontrei para lhe explicar melhor o conteúdo que adquiri nos últimos 15 anos. Neste livro eu me refiro ao mercado de palestra, sempre criando personagens e situações que o ajudarão a entender e como agir neste mercado.

SUMÁRIO

APRESENTAÇÃO

Treze de julho de 2013. São nove horas da manhã, negociei com cinco palestrantes e o dia ainda nem terminou. Fiz uma rápida conta e nosso grupo terminará o ano de 2013 com mais ou menos 200 contratações de palestrantes. Isso nos coloca na condição de uma das maiores empresas do mundo que contrata palestrantes. Atuamos em todo o Brasil e possuímos mais de 20 franquias.

Se eu pensar um pouco mais, chego facilmente a outro número. Nos últimos 15 anos, foram aproximadamente 2.000 contratações de palestrantes no Brasil e no exterior.

Nesses anos, treinei mais de 500 novos palestrantes e orientei tantos outros, já experientes.

Participei da produção de DVDs, livros e outros produtos para novos e veteranos palestrantes. Vi nascer a carreira de alguns que se transformaram em profissionais muito procurados no Brasil.

Se você já é palestrante ou pretende iniciar nessa profissão, fique atento às dicas e histórias que contarei aqui.

Esse livro é prático e objetivo. Trata-se de uma ferramenta para orientar sua carreira, seja você veterano ou iniciante.

Boa leitura!

Edílson Lopes

Fundador & Diretor-geral

Grupo KLA Educação Empresarial

CAPÍTULO 1

VOCÊ REALMENTE É O "CARA"?

CAPÍTULO 1

VOCÊ REALMENTE É O "CARA"?

Quer saber como se tornar um palestrante de sucesso? Primeiro, é preciso querer ser um palestrante, como se deseja qualquer outra profissão. Nunca vi uma criança de cinco anos dizer que deseja ser palestrante. Jamais o pai de uma criança dirá, quando ela nascer: "meu filho será um palestrante".

Sua família está ligada a algum palestrante? Você é irmão, parente ou cunhado de algum palestrante? Você gosta de algum palestrante? Gosta dessa profissão?

Na verdade, muitos querem ser palestrantes, mas não entendem por que desejam se dedicar a essa atividade.

Posso lhes dizer com muita propriedade: o Brasil é hoje um celeiro de palestrantes no mundo. Acredito que nosso potencial para formar palestrantes é muito maior do que para formar jogadores de futebol.

Não há como comparar a superioridade de palco de um palestrante brasileiro. Assisti a palestras em diversos países, mas nada se compara a um evento ministrado somente por palestrantes brasileiros. Em nenhum país do mundo há tantos palestrantes vivendo de palestras quanto no Brasil.

Trata-se de uma profissão atraente, com cachês que tranquilamente ultrapassam R$ 20.000,00 por apresentação. Muitas pessoas desejam ser palestrantes.

Mas eu aviso: POUCOS CHEGAM AO TOPO. Como em qualquer profissão, tudo depende muito e muito de VOCÊ.

Já vi muitos TALENTOS se perderem no meio do caminho, pelo simples fato de acharem que é FÁCIL chegar lá. Eu lhe pergunto: é FÁCIL TER SUCESSO NA VIDA? É FÁCIL SER UM GRANDE MÉDICO? É FÁCIL SER UM GRANDE ADVOGADO?

Não existe caminho fácil. Você precisar de um CAMINHO SEGURO. E é isto que quero lhe ensinar: UM CAMINHO SEGURO.

Somente vontade NÃO BASTA. Ela não vai levá-lo a lugar algum. A vontade ajuda, mas não é ESSENCIAL para o negócio.

Você pode até pensar: "Eu sou o cara", "Eu sou bom", "Eu quero ser palestrante". Isso é bom, mas não leva você A LUGAR ALGUM.

Certa vez, eu estava em meu escritório quando de repente apareceu um rapaz, sem ter marcado horário comigo.

— Edílson, eu estava próximo ao seu escritório e resolvi falar com você — explicou ele.

Eu disse:

— Pode entrar, fique à vontade.

Ele olhou nos meus olhos e disse:

— Quero ser um palestrante de sucesso. O que devo fazer? Meu talento é incrível. Todo mundo diz isso. Eu tenho tudo para ser um sucesso.

Então fiz algumas perguntas a ele:

— Por que você quer ser palestrante? O que o leva ao palco? Qual é seu tema? Que mensagem é a sua?

Ele simplesmente não respondeu a nenhuma das questões, ou seja, ele queria ser palestrante apenas porque julgava ter talento para o negócio.

Com certeza ele estava entusiasmado com o mundo de palestras, com o negócio, com o glamour, com o lado financeiro... ele estava DESLUMBRADO.

Todos temos VONTADE de ser ovacionados, reconhecidos e tratados como "estrelas", e isso está muito ligado à profissão de palestrante.

Nunca conheci um gênio que não fosse disciplinado. Os gênios são totalmente FOCADOS E DISCIPLINADOS. Thomas Edison disse, certa vez, que "UM GÊNIO É UMA PESSOA DE TALENTO QUE FAZ TODA A LIÇÃO DE CASA".

E você, está fazendo sua lição de casa? Ter talento basta? Somente o talento vai levá-lo ao TOPO?

O escritor Roy H. Williams disse uma frase que me marcou profundamente: "TALENTO É O BEM MAIS ABUNDANTE DO MUNDO, O DIFÍCIL É ENCONTRAR O HOMEM POR TRÁS DA CORTINA".

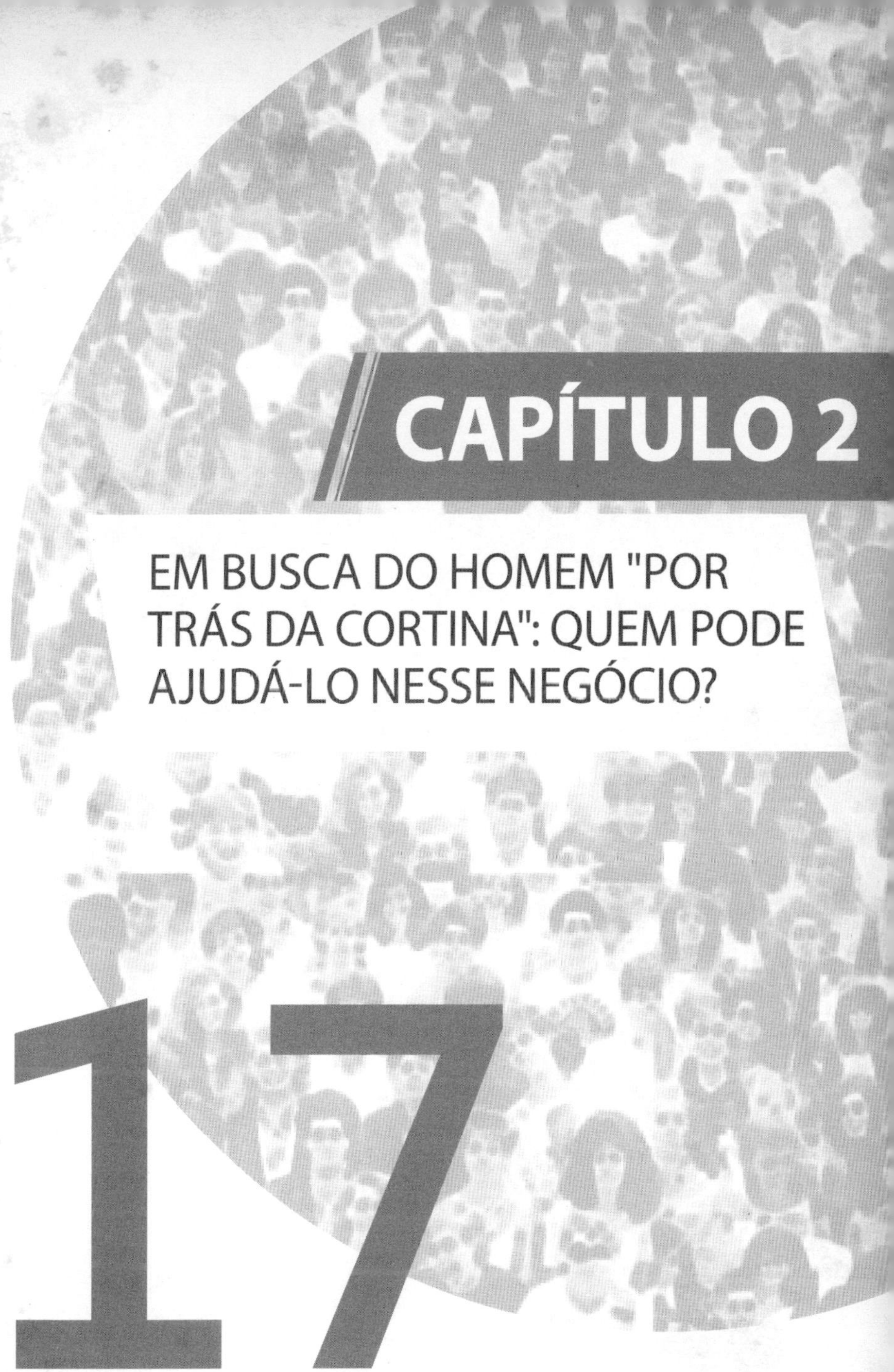

CAPÍTULO 2

EM BUSCA DO HOMEM "POR TRÁS DA CORTINA": QUEM PODE AJUDÁ-LO NESSE NEGÓCIO?

CAPÍTULO 2

EM BUSCA DO HOMEM "POR TRÁS DA CORTINA": QUEM PODE AJUDÁ-LO NESSE NEGÓCIO?

John Conors é um palestrante reconhecido nacionalmente. Ele ministra cerca de cinco a sete palestras por mês, ao custo de R$ 7.000,00 cada. Seu faturamento beira, tranquilamente, R$ 40.000,00 mês.

Certa vez, enquanto almoçávamos juntos, ele disse:

— Eu não seria nada se não fosse meu assessor Cláudio.

— Como assim? — perguntei a ele.

— Meu assessor Cláudio é o homem que praticamente me colocou no mercado. Ele está comigo desde o início. Sempre que pode, me leva para entrevistas em rádios, jornais e outros veículos de comunicação.

— De que outra forma ele é responsável por sua carreira? — perguntei novamente.

— Cláudio divulga os artigos que escrevo em diversos meios de comunicação. Além disso, me ajuda a escolher o tema de minhas palestras, os vídeos que gravo, e também é responsável por mandar meu material para agentes e empresas de eventos.

Dificilmente um palestrante alcança o sucesso por si só, embora você deva conhecer alguns que fizeram sucesso sozinhos. Quero lhe dizer que é muito importante ter alguém a seu lado para ajudá-lo a chegar lá. Você precisa de um MENTOR, de alguém que supervisione seu trabalho e o oriente. Grandes artistas, cantores e jogadores de futebol são orientados por alguém. Alguém que os ajuda. Então por que não ter um mentor?

Dificilmente você chega a algum lugar sozinho. O maior problema para um profissional liberal é não ter de dar satisfação a alguém. Um empregado é cobrado, comandado, orientado, supervisionado e, acima de tudo, alguém sempre está "de olho" nele.

A partir do momento que você se torna autônomo, profissional liberal, consultor, empreendedor ou empresário, você não precisa dar satisfação para alguém. Porém, isso é um problema muito sério. Você fica sem direção quando não tem ninguém para lhe ajustar.

Já estive nessa situação diversas vezes. É preciso ter alguém para orientá-lo. Todas as profissões que necessitam de orientação e, principalmente, de estímulo, são difíceis de vencer sozinho.

Ao lado da casa de minha mãe existe um bar onde todas as quartas-feiras se apresenta uma dupla muito talentosa. Eles cantam qualquer tipo de música. São fantásticos, e quando os vejo cantar, penso: "O que é que eles estão fazendo aqui ainda? Por que não foram para um grande centro?". O que falta para eles é, sem dúvida, "o homem por trás da cortina", alguém que faça a carreira deles decolar.

Sherlock Holmes não teria sucesso sem o assessor Watson. Don King empresariou grandes lutadores de box, que chegaram ao estrelato graças às orientações dele.

Certa vez, eu estava num almoço com Juan Carlos, grande conferencista mexicano, que me disse:

— O grande problema de um novo palestrante ou de alguém que deseja essa carreira é começar de forma correta. O começo é bem difícil. Se o novo palestrante não tiver em quem se apoiar, com certeza desistirá facilmente.

Ele ainda complementou:

— O mais difícil é escolher uma pessoa para ajudar em nossa carreira.

É claro que existem coisas decorrentes da vida, das circunstâncias. Escolher um assessor, sócio, parceiro, etc. depende de muitas coisas, inclusive do fator SORTE.

Estive pessoalmente no escritório de Peter Sheldon, um dos maiores conferencistas dos Estados Unidos. Seu assessor me disse que eles estavam juntos há 20 anos, uma parceria muito sólida. Seria ele o orientador de Peter Sheldon? Seria ele o mentor?

Antonio Paulo sempre foi um palestrante mediano. Lutava muito, arduamente. Oferecia palestras a todos que encontrava. Por várias vezes esteve em meu escritório oferecendo seu trabalho sem custo. Um verdadeiro lutador. Porém, por mais que lutasse, ele não conseguia avançar em sua carreira. Era luta após luta. Até que um dia ele conheceu Saulo, que passou a assessorá-lo, e sua carreira de uma hora para outra decolou.

Tenha consciência de uma coisa: ninguém faz sucesso sozinho. Escolha um mentor para ajudá-lo. Pode ser uma pessoa qualquer, um COACH, ou até mesmo um MANUAL, um LIVRO. Você precisa ter uma ROTA, uma BÚSSOLA para sua carreira decolar.

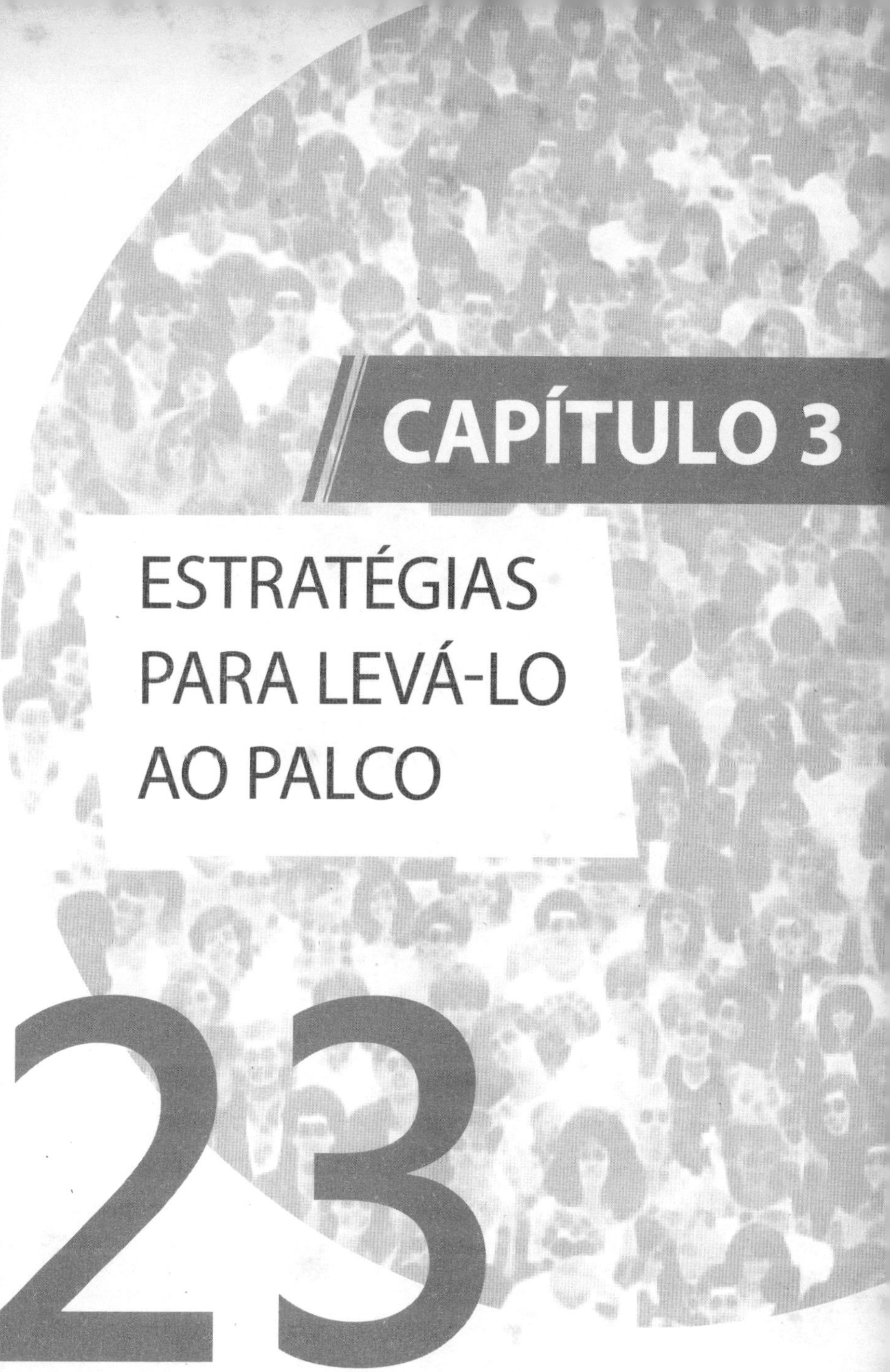

CAPÍTULO 3

ESTRATÉGIAS PARA LEVÁ-LO AO PALCO

23

CAPÍTULO 3

ESTRATÉGIAS PARA LEVÁ-LO AO PALCO

Em 1999, num evento promovido por um concorrente, percebi que 50% dos palestrantes presentes não eram profissionais do ramo. Eles estavam no palco porque faziam sucesso em suas respectivas profissões. Naquele evento havia um escritor, um esportista e um empresário. Por que eles estavam no palco?

Perguntei a Lucy, que estava promovendo o evento:

— Lucy, por que você convidou um escritor, um esportista e um empresário para palestrar?

— Eu os convidei porque têm sucesso naquilo que fazem. Não são palestrantes profissionais, mas o sucesso deles faz as pessoas desejarem ouvir suas histórias — respondeu ela calmamente.

E você? Por que anseia subir no palco? Por que tanto desejo de estar lá em cima?

A primeira coisa que você tem de identificar é se você é um palestrante profissional, alguém que faz sucesso em outra profissão, ou se tem boas histórias para contar às pessoas.

É possível fazer sucesso nesse negócio sem ser um profissional da educação empresarial. Conheço muitas pessoas que fazem enorme sucesso em outras profissões e muitos querem saber de suas histórias, façanhas e como conquistou o sucesso. Nesse caso, ser palestrante ou profissional da educação empresarial não é a principal profissão da pessoa.

Eu lhe pergunto: você é um palestrante profissional? Quer ser um profissional da educação empresarial?

Você precisa definir urgentemente se deseja viver desse negócio, se é a ele que quer se dedicar.

João Shultz é um conhecido palestrante de vendas. Sua carreira começou há nove anos. Ele entende muito do que fala. Ele vive da profissão. Quando definiu que queria entrar no mercado de palestras, ele FOCOU em ser um profissional da educação empresarial. Pesquisou muito, leu muito, assistiu a todo tipo de palestras, convenções, workshops, etc. Ele realmente é um PROFISSIONAL DA EDUCAÇÃO EMPRESARIAL.

Certa vez, eu estava hospedado num resort localizado em lugar paradisíaco quando cruzei com João Shultz. Encontramo-nos no restaurante do hotel e perguntei a ele:

— O que está fazendo por aqui?

— Estou trabalhando — respondeu ele

— Como assim? Está participando de algum evento no hotel?

— Não estou participando de nenhum evento. Estou aqui por minha conta. Vim para estudar e aprofundar mais no meu tema.

— Como assim? — perguntei a ele novamente

— Edílson, eu preciso me atualizar sempre. Eu vendo CONHECIMENTO, e quem vende conhecimento precisa estar sempre atualizado. Não sou uma pessoa de sucesso que dá palestras, mas um profissional especialista num TEMA, que ministra palestras sobre esse tema.

Recado dado. A primeira definição de que necessitamos é se estamos no mercado da educação empresarial.

O Brasil está muito bem servido de profissionais da educação empresarial. Não devemos nada a nenhum país do mundo, principalmente aos Estados Unidos.

Sendo você um profissional da educação empresarial, aprofunde-se no seu tema. Quanto mais você se aprofunda, mais seu conhecimento aumenta.

Sei muito bem que a vida de palestrante é uma correria... Muita correria. Portanto, faça como o amigo sobre o qual acabei de comentar. Tire alguns dias para mergulhar naquilo que você domina. Com certeza você construirá novas palestras, escreverá livros, artigos, desenhará parcerias. É preciso parar alguns dias para crescer.

Quantos anos um médico estuda? E um advogado? Com certeza eles estudam durante a vida toda. E um palestrante, por quantos anos estuda? A vida toda também.

Não deixe sua carreira no piloto automático. Aprimore seus conhecimentos. Fique atento a isso. É claro que você tem de saber usar tudo o que sabe.

Durante o mês, recebo inúmeras mensagens de novos palestrantes, mas confesso que mais de 90% não têm aprofundamento no tema sobre o qual falam.

E então? Quer ser mesmo um profissional desse negócio? Sua palestra está escrita? Está pronta?

CAPÍTULO 4

COMO CONSTRUIR SUA PALESTRA

CAPÍTULO 4

COMO CONSTRUIR SUA PALESTRA

Uma das maiores bilheterias de todos os tempos foi o filme TITANIC.

Quando assistiu ao filme, certamente você chorou, viveu emoções. Os atores eram bons, o roteiro era bom, as imagens incríveis. Enfim, tudo ERA MUITO BOM. Você viveu uma EXPERIÊNCIA durante o filme. O diretor foi perfeito e isso levou o filme a um recorde de bilheteria.

Claudio Félix, um dos maiores palestrantes que já conheci, certa vez disse:

— Uma palestra tem que ser uma EXPERIÊNCIA. As pessoas têm que "viver" a palestra.

Posso afirmar com propriedade que um cliente só vai contratá-lo para outra convenção se sua palestra for uma EXPERIÊNCIA marcante para a plateia.

A palavra-chave é, portanto, EXPERIÊNCIA. Que tipo de experiência vivem seus clientes quando assistem a sua palestra? Ela desperta alguma emoção? Tem humor? Tem conteúdo?

Você somente recomenda um filme quando gosta dele, concorda? Você somente recomenda um espetáculo se realmente gostou dele, correto? Com palestras é a mesma coisa. Você somente recomendará uma, se viver uma EXPERIÊNCIA, ou melhor, se tiver se emocionado durante a apresentação do palestrante.

Os palestrantes mais contratados no Brasil são aqueles cuja palestra proporciona momentos incríveis para os participantes.

Conheço palestrantes que ganham milhares de dólares com somente uma palestra, ou seja, eles têm somente um TEXTO, que provoca profundo impacto sobre a plateia. Alguns são criticados por trabalharem com o mesmo texto há tantos anos, mas o segredo é este: não mudar o texto.

Então qual é o segredo disso tudo, o ROTEIRO? Afirmo com segurança que 80% das palestras que eu examino têm problemas de roteiro.

Estávamos na Cidade do México para um evento promovido por nossa empresa. O palestrante era muito bom, mas o roteiro da palestra não. Durante a primeira parte da apresentação, pela manhã, ele não foi bem. Começou com um assunto, depois foi para outro assunto, voltou ao primeiro e retomou o segundo... O workshop não corria bem.

Na pausa para o almoço, eu me dirigi a ele e disse:

— Você não está bem. Seu roteiro não está bom.

Ele ficou um pouco assustado e disse:

— O que você quer dizer com isso?

Respondi com tranquilidade:

— Seu texto está carregado. Você está atropelando os assuntos, apresentando muitos slides, e a palestra está sem emoção.

— Não estou percebendo isso. Você pode me ajudar? — perguntou ele.

— Sim, posso ajudá-lo, mas não agora. A palestra será retomada após o almoço. Então vamos somente "limpar" o necessário para você fazer um bom segundo tempo.

Cancelamos o almoço e ficamos mais de uma hora refazendo toda a sequência dos slides para a parte da tarde. Revisamos o texto para aproveitar alguma coisa dele na parte da tarde.

Pare para pensar. Você já deve ter visto um filme ruim com atores bons. O inverso também é verdadeiro: um filme bom com atores ruins. Já vi palestras com bom conteúdo apresentadas por palestrantes ruins, palestrantes bons com roteiros ruins e palestrantes ruins com roteiros ruins.

Pense que o resultado de uma palestra não está necessariamente relacionado ao palestrante, embora 99% delas estejam. Quero dizer que se o ROTEIRO não for bem feito, por melhor que você seja, jamais se sairá bem nesse negócio.

Já assisti a inúmeras apresentações de palestrantes em início de carreira e, como já disse neste capítulo, 80% das palestras têm problemas de roteiro.

Muitas vezes, o palestrante é bom; tem presença de palco, tem voz, sabe falar, tem qualidades imprescindíveis para conquistar uma plateia, mas lhe falta a outra parte que compõe uma palestra: o TEXTO, ou ROTEIRO, como estou chamando aqui.

Com certeza essa parte é ESSENCIAL para o sucesso. É preciso definir o que você vai dizer e como vai dizer. Vou repetir: O QUE VOCÊ VAI DIZER E COMO VAI DIZER. Que assunto abordará? Qual a sequência dos assuntos? Como será a evolução e o uso de músicas, filmes, etc.? Roteiro é tudo.

CAPÍTULO 5

APRENDA A DEFINIR O ROTEIRO DE UMA PALESTRA

CAPÍTULO 5

APRENDA A DEFINIR O ROTEIRO DE UMA PALESTRA

Um dia eu estava numa livraria, num shopping em São Paulo, quando pensei: "Quanto conhecimento está contido nesses livros aqui expostos".

Durante toda minha vida frequentei livrarias. É muito difícil eu não ir até uma livraria aos domingos. Quando viajo para o exterior, obrigatoriamente visito livrarias. Naquele dia, pela primeira vez, fiz uma reflexão sobre esse mundo formado por LIVROS.

O mundo nos oferece material suficiente para montarmos o roteiro/conteúdo/texto de uma palestra. Você tem todo seu conhecimento mais o conhecimento do "mundo", e isso é mais do que suficiente para CONSTRUIR UMA PALESTRA.

Por isso, você precisa definir qual o tema de sua palestra, que assunto vai abordar — vendas, liderança, motivação, gestão ou outro. Se em sua palestra você contará a história da sua vida, precisa avaliar se tem algum feito fora do comum, se fez algo extraordinário.

Vários aspirantes a palestrante me dizem: "Minha vida daria uma excelente palestra". Eu lhes pergunto: "O que você fez de tão extraordinário assim?". Muitos não conseguem me responder. É claro se você fez algo de extraordinário, se tem uma história de superação, algo que realmente impressione a todos, seu ROTEIRO está praticamente pronto, e o que você tem a fazer é criar uma sequência para ele — como tudo começou, as dificuldades por que passou, sua vitória.

Não pense que seu conteúdo, ou seja, aquilo que você conhece sobre determinado assunto, é suficiente para uma palestra. Já lhe adianto: Não caia nessa. Muitos palestrantes não decolam por achar que têm conteúdo suficiente para fazer uma palestra, mas não o tem.

Certa vez, em Lisboa, assisti a uma palestra sensacional. Ao final da apresentação, fui dar os parabéns para o palestrante:

— Maravilhosa sua palestra! Imagino o tamanho do seu CONHECIMENTO para montar uma palestra desse nível.

Ele olhou nos meus olhos e respondeu:

— Sou apenas um intérprete. O mundo já nos deu CONHECIMENTO suficiente para uma palestra.

Eu insisti:

— Seu conteúdo é fantástico. Imagino o quanto pesquisou para montar essa palestra.

— Eu pesquisei muito, claro, pois não tinha todo esse CONHECIMENTO. Pesquisar sobre o TEMA de minha palestra foi a CHAVE para fazer um roteiro como esse.

Certamente você já tem conhecimento sobre determinado assunto. Somado aos conhecimentos pesquisados sobre esse tema, você terá conteúdo suficiente para uma palestra. Ou será necessário chamar Spielberg ou George Lucas para escrever o roteiro de sua palestra? Afinal, o que é um bom roteiro ou texto para uma palestra?

O primeiro fator que precisa ser definido ao montar uma palestra é o TEMPO. Quanto dura uma palestra? Nos Estados

Unidos, dura em média uma hora. No Brasil há uma cultura segundo a qual uma palestra pode durar até duas horas.

Pouquíssimos palestrantes conseguem dominar uma plateia por duas horas. Raríssimos têm condições de transmitir uma mensagem com conteúdo, meio e fim e prender a plateia por duas horas.

A primeira coisa que precisamos definir é o tempo da palestra. Qual é o tempo ideal? Na minha visão, uma palestra de impacto não pode ultrapassar mais do que uma hora e quinze minutos. Isso mesmo. Mais do que isso, ficará difícil interpretar um texto/roteiro que prenda a plateia.

Centro de Convenções Rebouças lotado. Última palestra do dia. Fui até o último palestrante, na Sala Vip, e o aconselhei a fazer uma palestra de no máximo uma hora, pois a plateia estava cansada após ter assistido a outros seis palestrantes. Disse a ele:

— Por favor, não queira dar mais do que uma hora de palestra. Você é o último palestrante do evento, e as pessoas já estão cansadas. Procure fazer uma palestra de impacto e sairá daqui ovacionado.

Ele não seguiu meus conselhos e insistiu em dar duas horas de palestra. Após uma hora, as pessoas começaram a se levantar e abandonar o Centro de Convenções. O pior começou a acontecer: o ESVAZIAMENTO do auditório.

Confesso que não entendi a postura daquele palestrante. O evento era nosso, a empresa era quem dava as rédeas. Por que ele insistiu em dar uma palestra de duas horas? No final, apenas 30% do público estava presente.

Tempo não é sinônimo de agradabilidade. Não pense que duas horas de palestra agradarão mais do que uma hora.

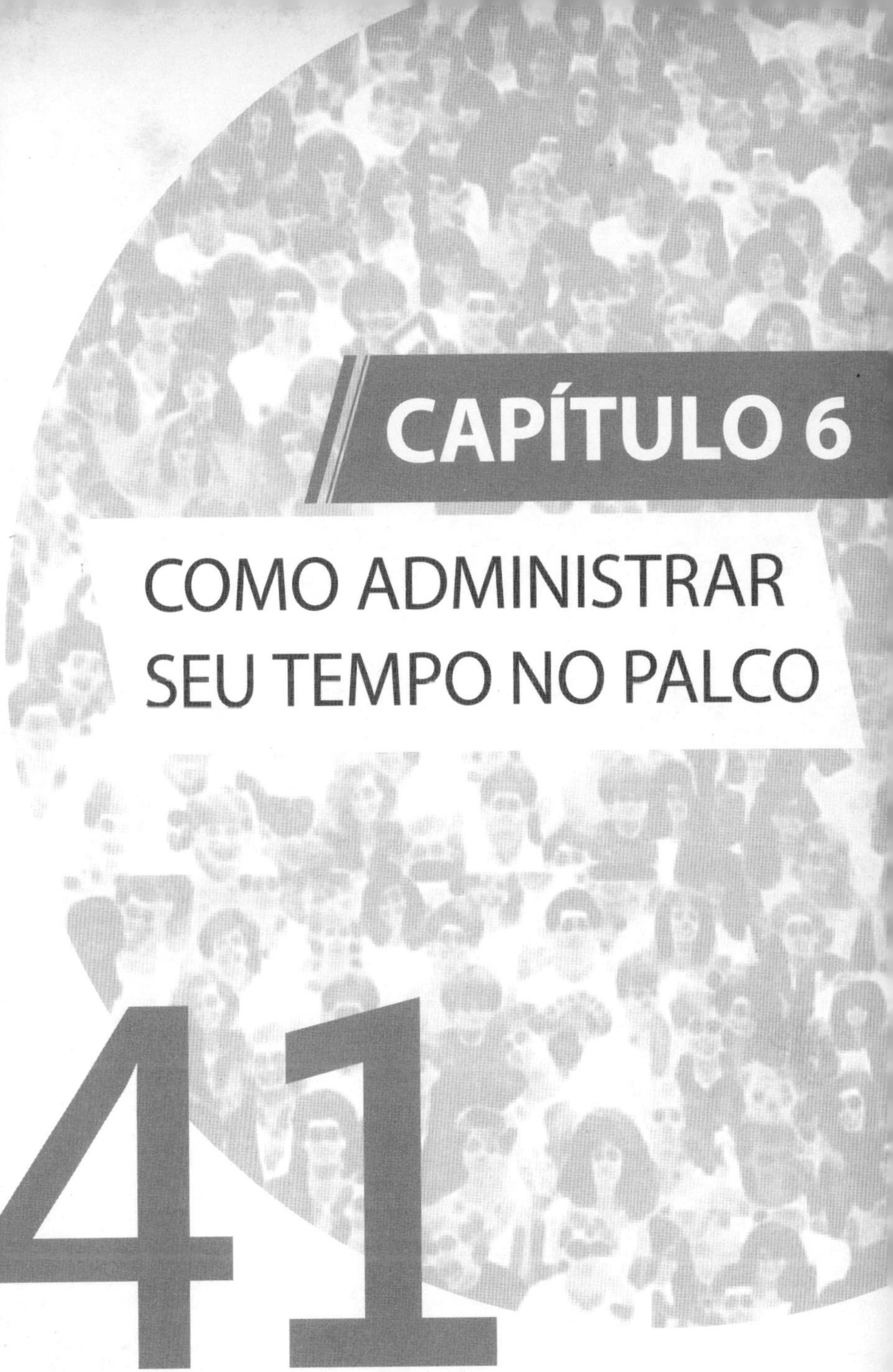

CAPÍTULO 6

COMO ADMINISTRAR SEU TEMPO NO PALCO

CAPÍTULO 6

COMO ADMINISTRAR SEU TEMPO NO PALCO

Dia nove de setembro de 2004. Assisto, nos Estados Unidos, à pregação de um pastor. Ele prega com eloquência, emoção e, principalmente, sabedoria. Ele conta a história de Moisés durante a fuga do Egito com o povo de Israel. No final, é aplaudido de pé. Tempo da apresentação: 55 minutos. Fantástica a apresentação desse pastor. Em 55 minutos, ele contou toda a façanha de Moisés.

Se um pregador consegue contar a história da fuga do Egito em 55 minutos, não será possível fazer uma palestra com menos de uma hora?

Seth Godin, um dos mais respeitados consultores/palestrantes de marketing do mundo, consegue dar uma palestra em 17 minutos. Será que podemos fazer o mesmo?

Paulo Gomes, grande palestrante, certa vez me confessou que a melhor palestra da vida dele foi dada em 45 minutos.

Após definir que sua palestra terá em torno de 50 a 75 minutos, você precisa ter em mente como administrar o tempo no palco. Bons palestrantes conseguem fazer isso com facilidade.

Próximo a minha casa existe um restaurante que frequento regularmente com minha família. O que realmente me encanta no atendimento é que os garçons sempre sinalizam com o tempo de espera. Eles dizem, por exemplo, "Mais dez minutos e seu pedido estará pronto". Algum tempo depois, "Mais cinco minutos e seu pedido estará pronto". Lembre-se desses garçons na hora de sua palestra. Demonstre à plateia que você está no comando do tempo. Sinalize para a plateia. Diga, por exemplo, "Eu tenho mais quinze minutos com vocês", ou "Pessoal, fiquem tranquilos, eu terminarei no horário".

Não há coisa mais desconfortável para uma plateia do que não perceber que o palestrante está no comando. Ele tem de mostrar que está no controle do tempo.

Um dos maiores "administradores de tempo no palco" que conheci foi Lucas Sanches. Sua habilidade é incrível. Ele nunca atrasou uma palestra. Já o contratei mais de 30 vezes e ele nunca se "perdeu" durante a apresentação. Minha nota para ele é 10.

Várias vezes ele chegou a mim, antes de subir no palco, e perguntou:

— Edílson, qual é o meu tempo para falar?

— Fale somente uma hora — eu respondia.

— Tranquilo. Darei meu recado em uma hora.

Numa dessas vezes, perguntei a ele:

— Como consegue administrar seu tempo no palco?

Cito as palavras dele, sobre as quais você deve meditar: "Estou sempre pronto para terminar a palestra. A qualquer momento posso encerrar minha palestra em cinco ou dez minutos. Todo palestrante tem de ensaiar exaustivamente e se preparar para terminar a palestra repentinamente em cerca de cinco ou dez minutos".

Um grande problema de vários palestrantes é não olhar para o relógio, ou melhor, não ter um "ponto de apoio" em relação ao tempo.

Sei o quanto ficamos nervosos no palco. Sei muito bem que às vezes nos esquecemos do relógio. Então coloque o relógio perto do computador, na mesa em que está a água, ou peça a alguém para indicar o tempo com placas ou sinalizadores.

Domine o tempo. Diga para a plateia "Estou controlando o tempo. Fiquem tranquilos". Não estoure o tempo. Se você está em início de carreira, isso é fundamental para se consolidar no mercado. Seja "elegante", "educado". Domine o tempo.

A melhor forma de administrar o tempo de sua palestra em palco é contar com "pontos de apoio". Habitue-se a olhar para o relógio. Olhe sempre para o relógio. Antes de subir ao palco para uma palestra, pergunte a quem a está promovendo: "Quanto tempo eu tenho?"

Existe uma confusão muito grande entre "tempo em palco" e "início e término de uma palestra." Você tem de ficar muito atento a esse detalhe. Se vai palestrar em um evento com vários palestrantes, ou numa convenção, repare se o evento está atrasado.

Considere que sua palestra está programada para começar às 16h e terminar às 17h. O combinado era uma hora de palestra, porém o evento está atrasado. Você subirá ao palco às 16h30 e sua palestra terá 30 minutos? É muito importante conversar com o gerente do evento nessas ocasiões. Pergunte a ele: " Ainda tenho uma hora de palestra ou impreterivelmente terei de terminá-la às 17h?

Existe administração do tempo antes de subir ao palco. Fique atento quanto a isso. Em caso de atraso, lembre-se de perguntar a quem o contratou se seu tempo continuará sendo o que haviam combinado antes, ou se você terá de terminar em tempo menor, de acordo com a programação do evento.

A maioria dos eventos atrasa. Não se iluda com a ideia de que isso não acontecerá com você. Sempre pergunte antes de subir ao palco: "Quanto tempo eu tenho?".

CAPÍTULO 7

UTILIZANDO SLIDES CORRETAMENTE

CAPÍTULO 7

UTILIZANDO SLIDES CORRETAMENTE

Durante um recente treinamento para novos palestrantes, fui interrompido por uma pergunta:

— Qual é a quantidade ideal de slides para uma palestra de uma hora?

Não existe quantidade ideal. A pergunta correta é: "Quantos slides você precisa para sua apresentação?". Já assisti a inúmeras palestras no Brasil e no exterior e realmente não há como definir um número ideal de slides.

Numa das melhores apresentações a que já assisti, o palestrante usou apenas quatro slides. Foi uma fantástica apresentação de uma hora, em que o palestrante utilizou somente quatro telas para separar os assuntos da apresentação.

Você precisa saber que os slides, quando bem feitos e utilizados de forma correta, são uma ARMA PODEROSA para sua apresentação. Os seres humanos necessitam "ver" e "ouvir". É importante que a plateia veja e ouça. Ela tem de ser estimulada de várias formas — por meio da fala do palestrante, de filmes, músicas e, principalmente, de slides.

Imagine atravessar um rio sem uma ponte. Você pode até atravessá-lo, mas com a ponte seria muito melhor. É assim numa apresentação. Os slides são uma "ponte" entre você e a mensagem.

Existe algo que chamo de "slides estratégicos", sem os quais você não apresenta suas ideias. Eles permitem a você se lembrar de uma história, de uma frase marcante, de uma mensagem importante, mudar de assunto, enfim, há uma série de situações em que um slide pode ajudá-lo muito.

De quantos "slides estratégicos" você necessita? Acredito que para uma apresentação de 60 minutos você precisa de, no mínimo, sete. Eles funcionarão como uma "rota" ou "sinalização".

Ricardo William, um dos palestrantes mais bem-sucedidos do mundo, disse várias vezes: "Um de meus segredos são as telas que utilizo em minhas palestras". De fato, elas são maravilhosas, e o segredo delas é o fato de representar, principalmente, pessoas. Isso mesmo. Telas com imagens de pessoas são altamente impactantes. Como ele é um palestrante motivacional, cheio de energia, ele trabalha muito bem com slides que têm imagens de pessoas.

Se você pretende construir uma palestra impactante, tenha certeza de que terá de investir tempo na busca de imagens para sua apresentação. Você deve estar se perguntando: "E os palestrantes que não utilizam slides? Como eles fazem?"

Conheço pelo menos três ou quatro palestrantes que encantam plateias pelo mundo e não utilizam tal recurso. Controlam a apresentação por meio de uma sequência mental dos assuntos. A evolução normal da apresentação ocorre na cabeça deles. É como a letra de uma música. Geralmente, eles são grandes comunicadores. Encantam plateias com seus enredos, suas histórias, suas conclusões, e tudo está armazenado na mente deles.

Claudio Pereira, por exemplo, é capaz de dar uma palestra sentado num banquinho. Não utiliza nenhum recurso. É incrível. Qual é o segredo dele? Ele é um grande contador de histórias. Toda a sequência da apresentação está na mente.

Há pessoas nesse meio que conseguem encantar uma plateia e passar sua mensagem sem utilizar ao menos uma tela. Porém, não queira iniciar sua carreira sem a utilização de slides. Utilize esse magnífico recurso. Contrate alguém que saiba trabalhar bem na construção de slides. Um alerta: Esse profissional pode conhecer tecnicamente os slides, mas a sensibilidade é sua. Você é o autor da obra e deve decidir se o slide é bom ou não. Não aceite 100% das ideias.

Imagine um cantor e a letra da música. É assim que o negócio acontece.

Escreva sua palestra num papel. Verifique em quais pontos a plateia tem de ser impactada com imagens fortes. Que imagens irá utilizar?

Além disso, lembre-se que deve haver uma relação muito forte entre sua fala e seus slides. O sincronismo tem de ser perfeito.

CAPÍTULO 8

COMO UTILIZAR FILMES E MÚSICAS NA APRESENTAÇÃO

CAPÍTULO 8

COMO UTILIZAR FILMES E MÚSICAS NA APRESENTAÇÃO

Apagam-se as luzes. O palestrante pede o filme, que dura três minutos. Ele retorna ao palco, faz comentários sobre o filme, relacionando-o com a palestra, e a termina de forma sensacional. Assisti a esse evento em um grande hotel da cidade de São Paulo.

Um recurso sensacional para utilizar em suas apresentações é o trecho de um filme. Quando bem colocado, bem posicionado — de preferência no fechamento da palestra —, ele se torna uma experiência fascinante para quem assiste a sua apresentação.

Uma das primeiras coisas que aprendi nesse mercado é que o trecho de um filme, quando utilizado de forma inteligente durante a apresentação, pode reverter toda a apresentação do palestrante.

No dia sete de março de 2001 promovemos um grande congresso, do qual participaram mais de mil pessoas. Havíamos escalado sete conferencistas. Destes, pelo menos cinco eram experientes. Quanto aos outros dois, eu estava em dúvida.

Quando um desses dois subiu ao palco e começou a palestra, senti frio na barriga. Ele começou bem fraco, e se manteve assim até quase o final da palestra. Ele não estava agradando ao público. Eu diria que, naquela altura, sua nota era cinco. Porém, nos últimos minutos, ele pediu para apagar as luzes, exibiu o trecho de um filme, voltou para o palco, falou por mais cinco minutos e terminou aplaudido de pé. IMPRESSIONANTE!

Como é possível um palestrante que ministra quase uma hora de palestra de forma mais ou menos fraca ser aplaudido de pé? Com certeza, foi o fato de ele saber UTILIZAR um filme FORTE, NO FINAL.

Um roteiro de palestra bem feito com certeza contempla um filme. Você pode até não querer usar um filme ou dizer que há palestrantes de sucesso que não utilizam esse recurso, mas lhe digo: UM ROTEIRO BEM FEITO COM UM FILME NO FINAL É ALGO MARCANTE.

Em debate com outros promotores de eventos empresariais, falávamos sobre um palestrante que não tinha muita vocação, mas tinha um roteiro perfeito que terminava com um excelente filme. Durante o debate, eu afirmei: "Esse tal palestrante não tem bom tom de voz, não conta histórias engraçadas e não é um galã de cinema, mas seu roteiro tem muito conteúdo, ele sabe palestrar com base no roteiro e, acima de tudo, apresenta um ótimo filme no final."

Nesse ponto, preciso lhe fazer um alerta. Cuidado com filmes disponíveis na INTERNET. Muitos palestrantes exibem comerciais e filmes curtos para descontrair a plateia. Alguns já são tão conhecidos que praticamente ninguém ri deles quando exibidos. Lembre-se que hoje muitas pessoas acessam filmes na internet, principalmente de pouca duração.

Em vários de nossos eventos, aconteceu de o mesmo filme ser repetido num único dia. Determinado palestrante passava o filme de manhã, e outro passava o mesmo filme à tarde. Incrível? De forma alguma. Isso pode acontecer. Você tem de tomar cuidado, caso contrário, se exibir um filme que outro palestrante já passou, você é considerado um "copiador".

Procure fugir disso. Caia fora! Caso queira um filme em sua palestra, verifique em que momento cabe um filme. Há muitos para você explorar. Steven Spielberg, James Cameron, Oliver Stone, Quentin Tarantino e outros já trabalharam por nós! Todos esses cineastas já gastaram inteligência e dinheiro para produzir belíssimas obras. Você só tem de encaixar na palestra uma parte do filme que esteja ligada diretamente a determinado momento da apresentação.

Caminhava tranquilamente pelo aeroporto do Rio de Janeiro quando senti alguém bater em meu ombro. Tratava-se de Alberto Oliveira, aspirante a palestrante cujo sonho era palestrar para nossa empresa, KLA. Ele me convidou para tomar um café. Logo que nos sentamos, ele disse:

— Minha palestra está quase pronta, preciso somente definir que filme passarei no final.

Eu perguntei:

— Como vai terminar a palestra? Que assunto abordará no encerramento?

— O fechamento será sobre liderança. Atualmente, estou analisando que trecho de filme passarei — respondeu Alberto.

Ele abriu o *laptop*. Mostrou várias cenas de filme e me perguntou:

— Quanto tempo deve ter o trecho de um filme para terminar uma palestra?

— No máximo dois minutos — respondi a ele.

— Não é pouco somente dois minutos?

— Claro que não! Dois ou três minutos é tempo suficiente. Lembre-se que você voltará ao palco para comentar a mensagem do filme.

Ele olhou nos meus olhos, tomou mais um pouco de café, pensou um pouco e me pediu auxílio:

— Edílson, diga-me como devo terminar uma palestra a partir do momento em que utilizar um filme.

Olhei bem nos olhos dele e respondi:

— Alberto, passe o filme, volte para o palco e passe mais cinco slides com FUNDO MUSICAL enquanto comenta slide por slide.

— Como assim? — perguntou ele, espantado.

— Esse é o segredo para terminar bem. Após exibir o filme, coloque uma música, passe mais cinco ou seis slides, comentando algo sobre eles. A PLATEIA estará OUVINDO a música, VENDO os slides e OUVINDO seus comentários.

Meu café foi de graça.

CAPÍTULO 9

ENFIM, EM CIMA DO PALCO, COMEÇANDO A PALESTRA

CAPÍTULO 9

ENFIM, EM CIMA DO PALCO, COMEÇANDO A PALESTRA

Você já deve ter ouvido a expressão "Caiu de paraquedas". Fique atento para isso não acontecer com você.

Em qualquer palestra da qual vá participar, seja numa convenção aberta ou num trabalho *in company* (fechado) para uma empresa, uma das perguntas que você deve fazer para quem o contratou é "Quem é o público participante? Quem estará presente?"

Muitas vezes o palestrante cai de paraquedas na convenção. O trabalho a que chamo "cheirar o território" tem de ser feito bem antes do evento, se possível. Você precisa saber qual é a "atmosfera" do evento. O porquê da convenção, por que você foi contratado, qual é o PERFIL de quem está sentado na plateia. Lembre-se de perguntar qual é o PERFIL da PLATEIA. São funcionários, diretores, gerentes? Saiba para quem está falando.

Mais complicado do que não saber quem está na plateia é não saber que tópicos escreveram sobre sua palestra, principalmente em se tratando de evento aberto.

Muitos palestrantes não perguntam o que anunciaram referente a sua palestra. Quando for participar de um evento aberto, peça ao seu promotor para ver o que foi anunciado sobre sua palestra.

Lucas, um grande palestrante, certa vez me ligou às 23h, desesperado, em um quarto de hotel:

— Edílson, por favor, ajude-me. Acabo de ver o *folder* do evento, onde consta que falarei de Planejamento Estratégico. Eu não domino esse assunto, meu tema é VENDAS. Não sei por que colocaram isso no *folder* do evento.

— E por que você resolveu ver o *folder* somente agora? — perguntei.

— Resolvi entrar no site do evento, e percebi que os tópicos que lá constam sobre minha palestra não são o que realmente vou falar.

Pensei por um instante e respondi:

— Chegue mais cedo ao auditório e peça à pessoa que o contratou para comunicar isso a plateia, antes de você subir ao palco, e dizer exatamente qual é seu tema.

Foi o que ele fez, e a situação foi "mais ou menos" contornada.

Nem sempre é possível fazer isso. Você precisa ter em mente duas coisas antes de subir ao palco: quem está lhe assistindo e sobre qual assunto disseram para você falar.

Pense comigo: Se sua plateia for somente de diretores, é importante ter COMENTÁRIOS INTELIGENTES para esses líderes. Se a plateia é composta somente por funcionários, é importante ter COMENTÁRIOS INTELIGENTES para eles. Exemplo de comentário inteligente para os funcionários: "Se você quer ser promovido, comece a agir e a pensar como se fosse dono da empresa onde trabalha". Eis um comentário inteligente direcionado aos líderes: "Quem vai ajudá-lo a conquistar seus objetivos são as pessoas".

Quando bem apresentados para a plateia e direcionados ao perfil de quem lhe assiste, os comentários inteligentes são FULMINANTES.

Você somente pode usar essa "arma" se souber quem está sentado na plateia. Isso é muito IMPORTANTE. Tenha essa informação bem antes do evento.

O foco de sua palestra não pode ser você, e sim os participantes. Mesmo que sua palestra seja sobre a história de sua vida, é possível contá-la com foco no participante.

Uma palestra cujo palestrante se coloca como instrutor, aliado, conselheiro, mentor, *coach*, treinador tem muito mais chance de agradar do que quando ele se concentra muito nos conhecimentos dele.

Qual é a chave para o bom começo de uma palestra? A chave está na "primeira história". Qual a primeira história que você vai contar quando subir ao palco? Isso está diretamente ligado ao que eu disse no começo deste capítulo. Quem é seu público? Quem está sentado nas cadeiras? São líderes? Donos de empresa? Funcionários?

George Massaro, grande palestrante e comunicador, antes de subir aos palcos de nossa corporação sempre me perguntava: "Quem está aí?"

Incrível como a comunicação de George é direcionada para o perfil de quem está na plateia. O índice de agradabilidade dele beira os 90%.

Certa vez, estávamos em um evento no Palácio de Convenções do Anhembi cuja plateia era formada por 1.100 pessoas. Eu lhe disse que a plateia era MISTA — havia líderes, gerentes, empresários, funcionários — mesmo assim, ele encantou a todos, fazendo comentários inteligentes para o público de todos os níveis.

Tenho certeza de que seu conteúdo é bom, você entende do assunto, construiu um belo roteiro, mas nada disso importa se você não conquistar o público. CONQUISTE O PÚBLICO E CONQUISTARÁ O MUNDO.

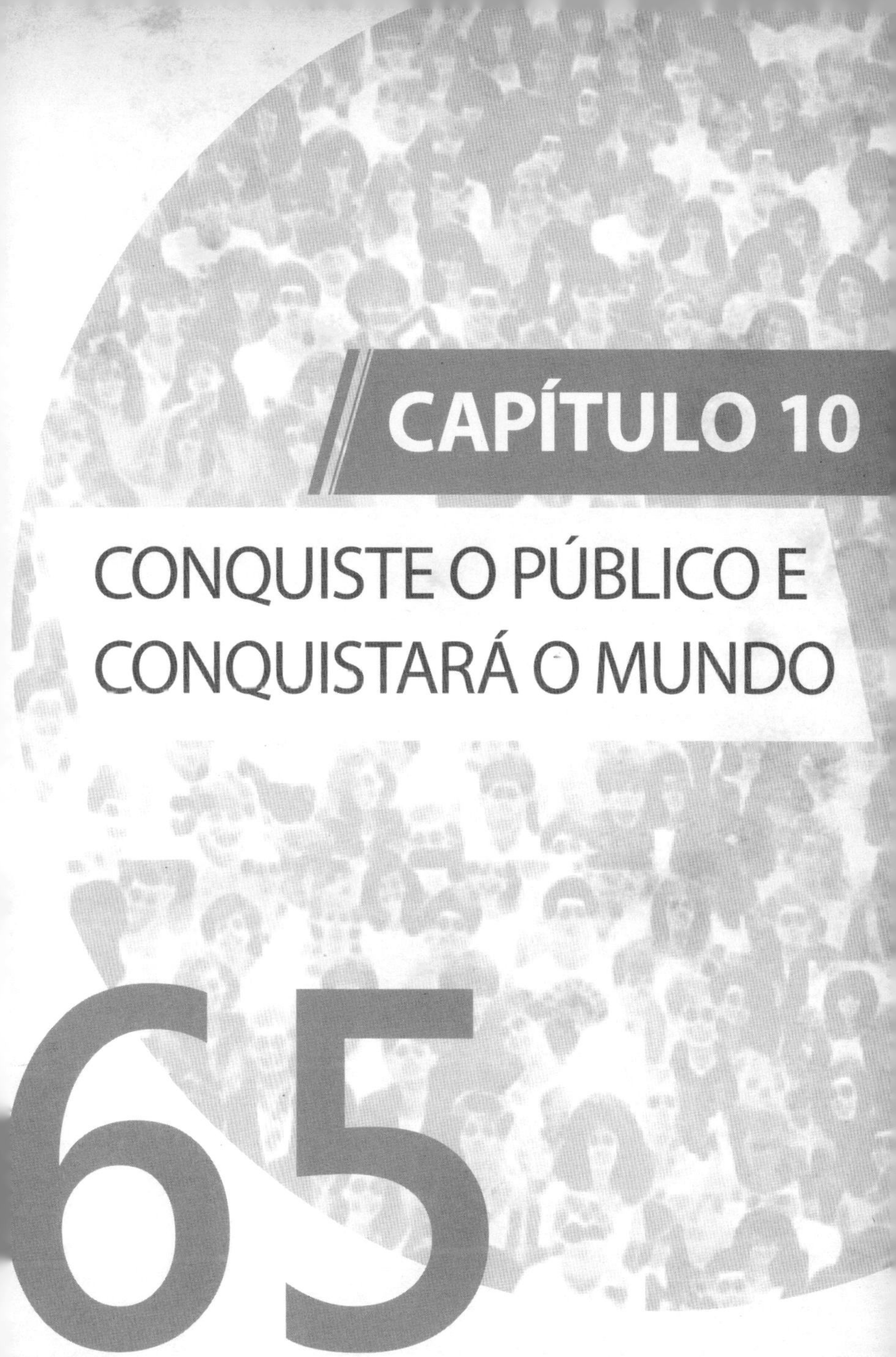

CAPÍTULO 10

CONQUISTE O PÚBLICO E CONQUISTARÁ O MUNDO

CAPÍTULO 10

CONQUISTE O PÚBLICO E CONQUISTARÁ O MUNDO

John era um palestrante com grande conteúdo. Muito conteúdo mesmo! Diversas vezes eu disse a ele: "John, o grande conteúdo que está na sua cabeça não vai levá-lo a lugar algum". Ele sempre ficava de cara feia quando eu dizia isso.

Um dia ele veio brigar comigo. Não se conformava com o fato de eu o chamar de palestrante chato. Volta e meia eu dizia. "Você é muito carrancudo, no palco. Pensa que sabe tudo, mas não conquista a plateia".

Ele queria quebrar a cadeira na minha cabeça. Não aceitava que falássemos nada para ele. Seu conteúdo era de alta qualidade. Dominava tudo, mas não tinha o essencial: Ele não conquistava o público. Tive de pegá-lo pelo colarinho e falar umas verdades: "Mude ou não vai acontecer nada". E disse, bem na cara dele: "Meu amigo, a vida é uma VENDA. Você pode ser um deus no que sabe, mas não sabe se vender no palco." Chateado, ele me perguntou:

— E como faço isso?

Eu respondi com firmeza:

— Meu amigo, você vai bem, mas no meio da palestra você se acha "o cara".

— Como assim? O que devo fazer?

— Pare de falar sobre você na palestra e apresente cenas e imagens de pessoas bem-sucedidas. A plateia adora histórias assim.

O tema sobre o qual esse palestrante ia falar era empreendedorismo. Estava claro que ele era um empreendedor, mas somente iria conquistar a plateia se falasse sobre outras pessoas além dele.

Palestrantes que desejam conquistar a plateia mostram exemplos de pessoas bem-sucedidas, no roteiro. Coloque isso no meio de sua apresentação.

Há várias formas de conquistar uma plateia, mas preciso falar-lhe de uma. Todos gostamos de sentir certa emoção. Todos temos problemas, somos iguais. Se a palestra acerta em cheio o coração da plateia, o participante vibrará com sua mensagem. Claro que depende de seu tema, mas se você falar de forma a causar impacto, com emoção, terá uma forma FORTE de conquistar a plateia.

Concentre-se nos participantes. Eles precisam sair dali com alguma mensagem, uma esperança, um conhecimento, um conselho... Toque o coração deles, e você os terá a seus pés. Você pode fazer isso por meio de uma MÚSICA. Isso mesmo. Utilize a música como recurso. Ela exerce um poder muito forte sobre a plateia. Grandes ministros religiosos a utilizam antes de uma pregação, durante e até mesmo no final.

Se a plateia cantar junto, você terá um monte de aliados. É claro que você não precisa pedir a ela que cante junto, pois isso às vezes é desconfortável. Caso utilize música em alguma situação da palestra, deixe-a fazer seu papel sozinha. Ela consegue encantar a plateia sem você pedir. Pode ficar tranquilo quanto a isso. É por isso que ela se chama "música".

Por mais CHATO ou TÉCNICO que seja seu assunto, nunca termine uma palestra sem uma música. Use-a pelo menos para as pessoas saírem para o *coffee break*. Não estou falando que deve usar músicas sempre de forma motivacional. Nada disso. Estou dizendo que, quando terminar de abordar seu último slide, mesmo que seja sobre um assunto técnico, despeça-se da plateia e coloque uma MÚSICA para a sala não ficar em silêncio. Obviamente, uma música adequada para a situação.

Lembre-se: Estar com você precisa ser uma EXPERIÊNCIA. Assisti-lo tem de ser algo marcante. Talvez você esteja pensando: "Isso é somente para palestrantes que falam para a 'massa', o 'povão'." Ledo engano. Diretores, presidentes e gestores também necessitam de emoção, de "sangue" percorrendo todo o corpo.

Conheci um palestrante cuja palestra era extremamente técnica, até por conta do assunto. Nem por isso a palestra era chata. Ele montou um roteiro recheado de histórias para explicar o conteúdo técnico e encerrou com um *grand finale*.

Existem assuntos para os quais é difícil fazer um ROTEIRO que transforme uma palestra numa experiência, por exemplo, FINANÇAS. Mesmo um assunto como esse pode ser abordado por meio de histórias, exemplos e muito mais. Eu afirmo: Quanto mais técnico um texto, maior é sua chance de fazer um ROTEIRO que agrade a todos. Tire da CABEÇA a ideia de que esse assunto é COMPLEXO, DIFÍCIL.

Qualquer que seja sua situação agora, seja palestrante atuante ou se sonha em pisar nos palcos, uma coisa tem que ter em mente: Não existe roteiro difícil. Você precisa criar histórias e encaixar seu tema nelas.

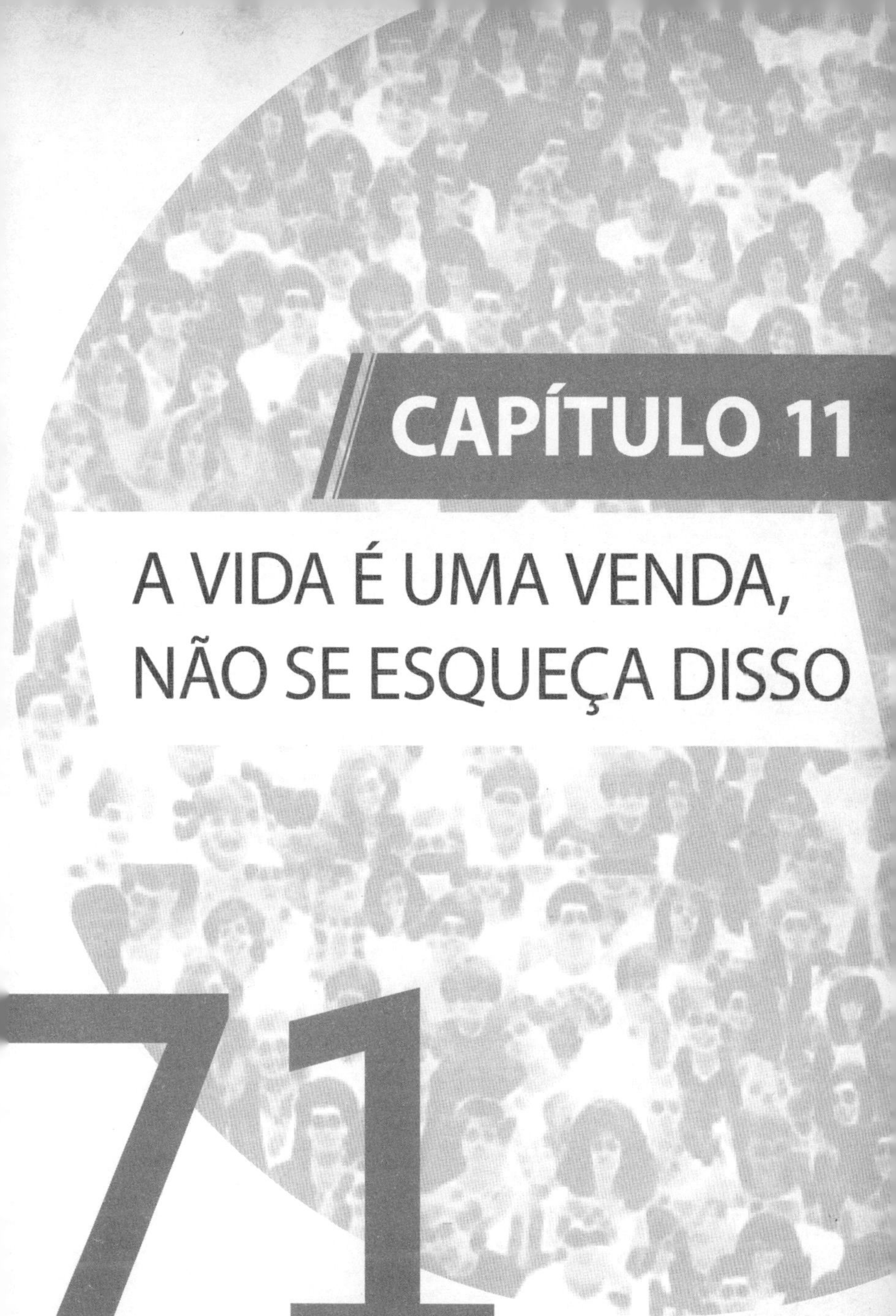

CAPÍTULO 11

A VIDA É UMA VENDA, NÃO SE ESQUEÇA DISSO

CAPÍTULO 11

A VIDA É UMA VENDA, NÃO SE ESQUEÇA DISSO

Dia quinze de outubro de 2001. Realizávamos um evento num hotel de luxo, na cidade de São Paulo. Havíamos contratado um palestrante a preço de ouro. Ele foi muito bem no palco. Deu seu recado tranquilamente. As pessoas gostaram da palestra. Ele não era de São Paulo, por isso o hospedamos no mesmo hotel em que se realizou o evento.

Após ele finalizar a palestra, dei os parabéns a ele e tiramos algumas fotos. Tomamos um café ali no bar. Chamamos um táxi e ele se mandou para o aeroporto. Quando fui pagar a conta dele, levei um choque. A conta que me mostraram era absurda. Ele havia gastado uma fortuna entre ligações, almoço, jantar, produtos de frigobar, entre outras despesas. Fiquei estarrecido. Como um palestrante daquele nível deixou uma conta daquelas para nós, promotores, pagar? Não dava para acreditar que aquilo ocorrera. Foi uma verdadeira decepção.

Eu queria dizer a ele que aquilo não era um bom comportamento. Tentamos contato com ele via telefone no mesmo dia, mas não conseguimos.

Você, que está lendo este livro, preste atenção: A VIDA É UMA VENDA. Existe nas relações comerciais algo que se chama "postura" ou "bom senso". A empresa o contrata para uma palestra, paga corretamente, oferece hospedagem em hotel de luxo e as melhores condições, você precisa ter bom senso em pequenos detalhes. São pequenas coisas que mostram quem você é. Existe o profissional que está no palco e a pessoa por trás do profissional. Aí é que mora o perigo. Quem está por trás do palestrante? Que tipo de pessoa ela é? Quem é, afinal, o ser humano por trás do palestrante?

Tenha certeza de que todos sabem os passos que você dá. Você é "vigiado", pois é a estrela do negócio. Pequenos detalhes podem destruir sua credibilidade, e o inverso é verdadeiro. Uma ótima POSTURA constrói sua CREDIBILIDADE.

Conheço um palestrante que, independente do serviço que presta, sempre emite nota fiscal, ou seja, ele está 100% dentro da lei.

Outra coisa que fere sua imagem é chegar em cima da hora para o ensaio. Chegue mais cedo, pergunte a quem o contratou: "Está precisando de alguma coisa?", "Está tudo certo?". Mostre-se preocupado com o evento, o curso, a palestra, etc.

Por favor, nunca diga, no começo de uma palestra: "Pessoal, estou um pouco cansado. Estou vindo de uma série de palestras". As pessoas não querem saber se você está cansado ou não, elas querem que você suba no palco e dê o seu melhor. Somente isso.

Conheço um profissional muito preocupado com quem o contrata. Ele chega bem cedo, faz os testes, ensaios... Ele se APROXIMA do ambiente onde acontecerá sua palestra, ou melhor, seu SHOW.

Certa vez, ele me disse: "Assim que chego ao ambiente da palestra, minha preocupação é ir diretamente à mesa de som e falar com o operador". O operador do som é imprescindível para sua apresentação. Converse com ele, mostre-se amigo dele. Não queira achar que é superior, pois não é. No momento da apresentação, ele é superior, pois você depende dele, e muito.

Você está ali para dar um SHOW, e não pode fazer tudo sozinho. Verifique se seu computador está funcionando, se o cabo de áudio está corretamente ligado, etc.

Aprendi uma coisa com Donald Trump: "Gorjeta tem de ser entregue antes do serviço." Caso tenha interesse em dar uma "caixinha" para alguém, faça isso antes, pois a pessoa trabalhará duas vezes para você.

Todos são importantes para seu trabalho. Todos mesmo. Ninguém ganha o jogo sozinho. No fundo, somos todos vendedores. Quando você termina a palestra e se despede de todos, a lembrança que precisa deixar na cabeça deles é: "Que palestra maravilhosa; ele é uma pessoa sensacional!"

O fato é que nem todos os palestrantes se preocupam com as horas que passam com as pessoas que o "contrataram". Tudo é uma venda, e no caso do palestrante, ela já começa no aeroporto. Desde o momento em que você chega, o que fala para o motorista que vai buscá-lo, o que conversa com ele durante o trajeto até o hotel, como se comporta... Em tudo, você é vigiado. Fique atento a isso. Lembre-se: Você só tem uma chance de causar boa impressão. Não há uma segunda chance. Somente uma.

A VIDA É UMA VENDA. VENDA O TEMPO TODO.

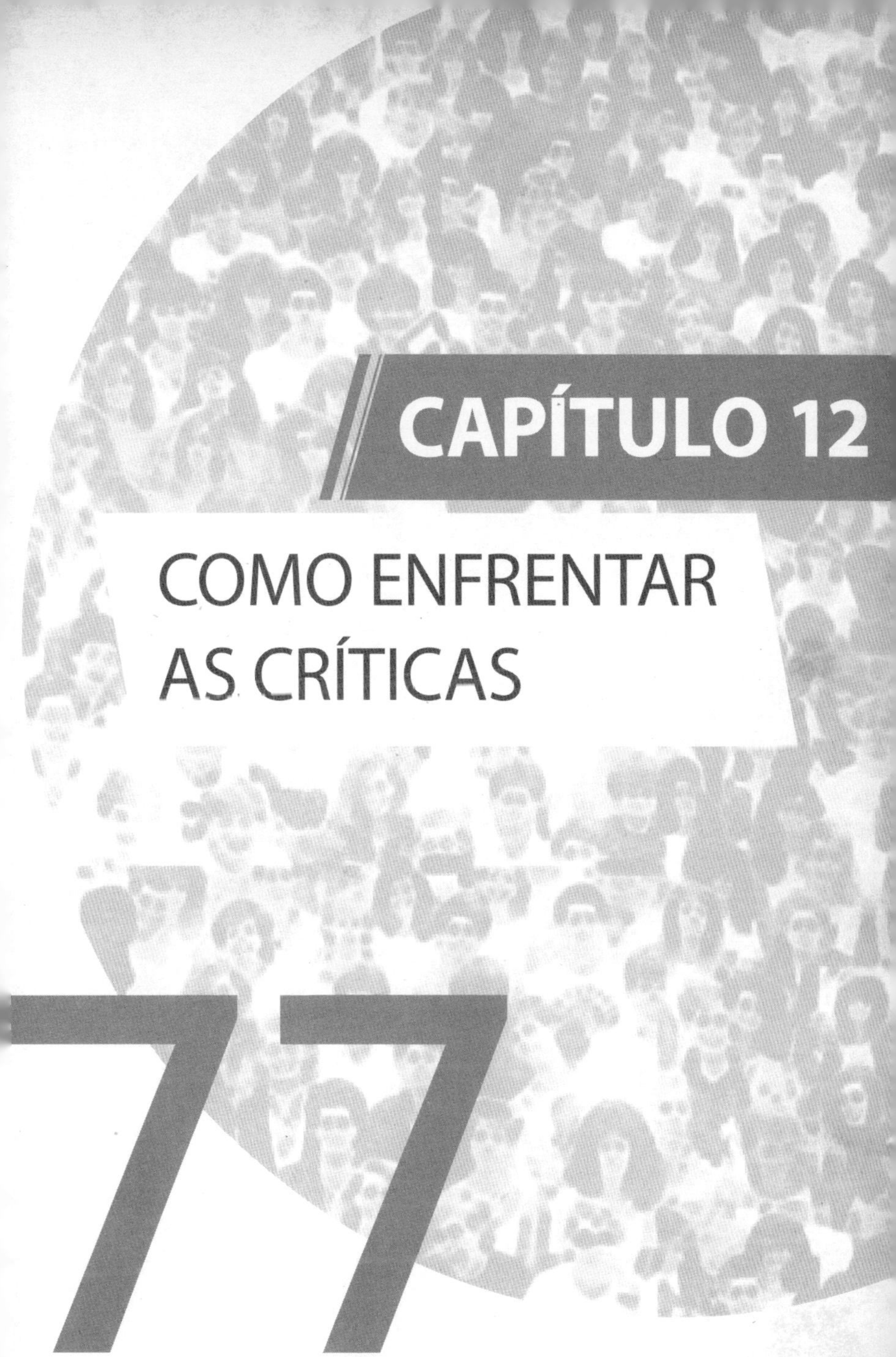

CAPÍTULO 12

COMO ENFRENTAR AS CRÍTICAS

CAPÍTULO 12

COMO ENFRENTAR AS CRÍTICAS

Até o final dos anos 90, nossa empresa tinha o hábito de pedir aos participantes uma avaliação sobre a palestra a que tinham assistido. Depois, apresentávamos ao palestrante as críticas que ele havia recebido. Confesso que se pudesse voltar ao tempo, com certeza não entregaria as avaliações para alguns palestrantes.

Existem coisas para as quais não há explicação. Há pessoas revoltadas com o mundo. Muitas vezes há, em nossa plateia, pessoas desse tipo. Elas assistem à conferência, à palestra e qualquer coisa para elas é MOTIVO para escrever uma avaliação de um quilômetro.

Acho que sou a pessoa que mais assistiu a palestras no mundo, até porque nosso grupo é o que mais promove palestras no planeta. Tenho NOÇÃO se realmente o palestrante foi bom ou não. E acho que não podemos apresentar ao palestrante avaliações de pessoas revoltadas com a vida. Esse pessoal parece disposto a acabar com sua carreira, e com certeza uma crítica não digerida pode prejudicá-la, ou matar suas ambições, principalmente se você está no COMEÇO.

Peço a você que "tenha estômago" para ler as avaliações sobre suas apresentações. Muito cuidado mesmo, pois algumas podem matar suas ambições. Medo da crítica é algo que todos têm, mas poucos sabem lidar com ela.

Temos de ter bom senso para saber se nossa palestra é boa ou não, se o texto está correto, se nosso comportamento em palco está adequado. Não estou dizendo para você fugir disso. Precisamos encarar as críticas e ser fortes, mas temos de fugir de alguns "loucos" que parecem querer nos aniquilar.

Estava em meu escritório numa tarde de sexta-feira. A funcionária da recepção me ligou dizendo que havia acabado de receber um Sedex. Pedi para alguém buscá-lo. Quando abri, percebi que era uma carta, escrita de próprio punho, pelo participante de um de nossos eventos. A carta tinha pelo menos três páginas com duras críticas a determinado palestrante.

Tal palestrante não era um qualquer, e sim um dos maiores que já conheci na minha vida. Sempre participava de nossos eventos, e sua nota em palco nunca foi inferior a 9,0. Repito: a nota dele nunca foi inferior a 9.

Quando terminei de ler a carta, sinceramente fiquei chocado. Jamais havia visto tão duras críticas a um palestrante, principalmente alguém de renome. E pensei: "Devo ou não entregar essa carta para ele?".

Passei o final de semana lendo e relendo a carta. Cada vez que eu a lia, chegava à conclusão de que era algo "diabólico". Como alguém pode escrever uma carta tão pesada para um palestrante?

Após meditar muito sobre a carta, cheguei à conclusão de que não ia entregá-la, e de fato nunca a entreguei ao palestrante. Ela trazia críticas que não tinham nada a ver, que não tinham explicação.

John Lopez é um grande palestrante e treinador de vendedores. Eloquente orador, é um tipo que agrada em nove das dez vezes que se apresenta. Enquanto tomava um café com ele, perguntei:

— Como você lida com as críticas e avaliações?

— Simplesmente, não leio avaliações nem críticas — respondeu ele.

— Não entendi. Explique melhor.

— Não quero me "contaminar" por algumas coisas que falam.

— Concordo, mas como você se aprimora? — perguntei.

— Eu gravo a maioria de minhas apresentações. Levo uma câmera e deixo lá no fundo. É somente para avaliação. Depois, assisto à fita e analiso onde posso melhorar.

Ele pensou e acrescentou uma informação que valeu a pena:

— Peça opinião para conselheiros de confiança que não têm nada a ganhar ou perder com seu negócio.

Claro que temos de nos avaliar. Não há crescimento nesse negócio sem "correção de rota". Se possível, grave suas apresentações. Isso é muito barato hoje. Coloque uma câmera no fundo da sala, e depois analise o filme com calma. Há um "susto" muito grande quando você se vê no palco, mas é normal — é você mesmo.

Há outro recurso. Grave somente sua voz. É muito simples. Qualquer operador de som pode fazer isso para você. É muito importante você ouvir o ÁUDIO DE SUA PALESTRA. Capte o áudio, pois fará diferença na sua carreira.

Após captar o áudio, escreva tudo o que você falou na palestra, para então ALTERAR algumas partes do roteiro.

Encare o medo da CRÍTICA. Não há como fugir disso. Fique FIRME!

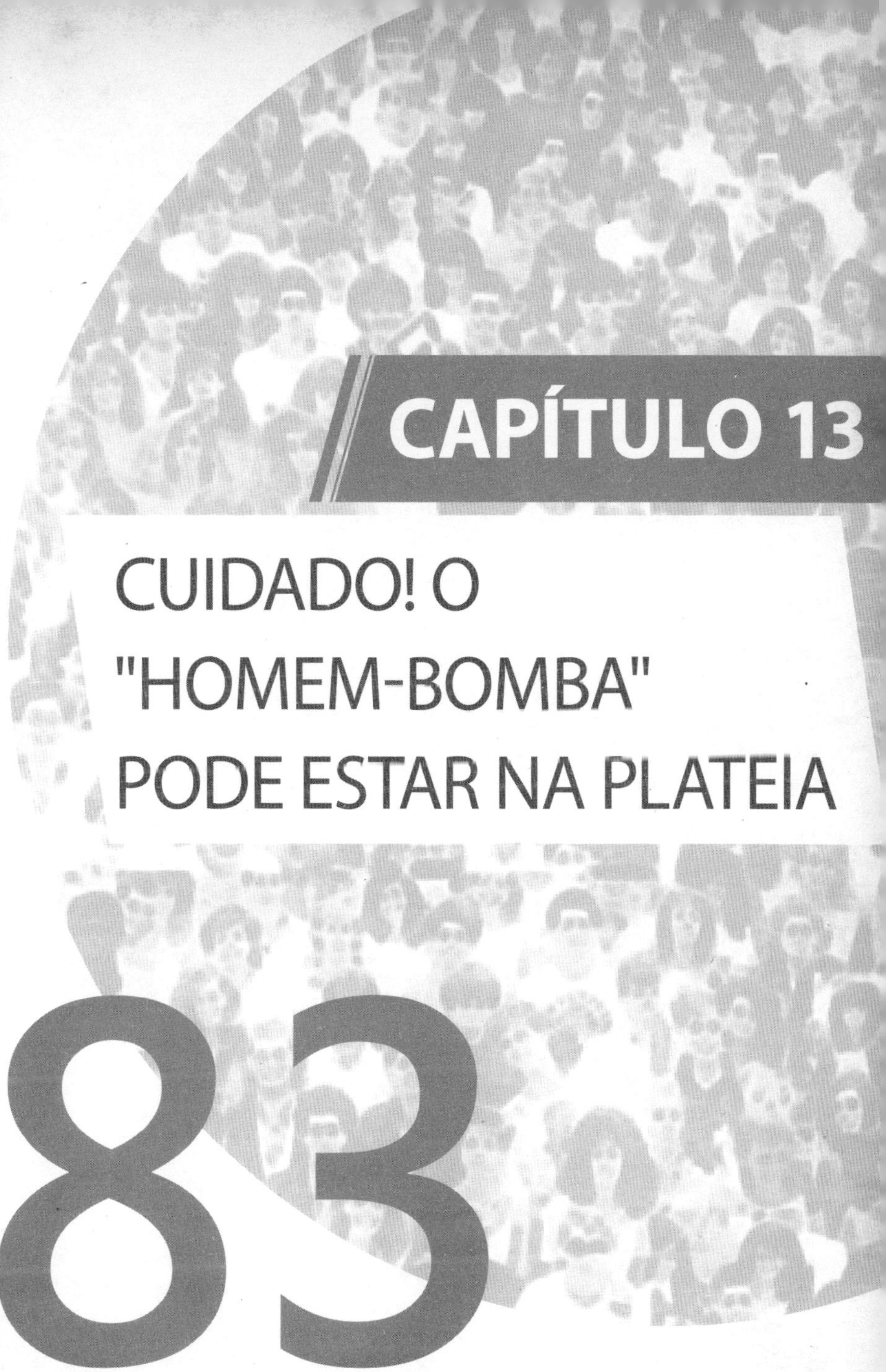

CAPÍTULO 13

CUIDADO! O "HOMEM-BOMBA" PODE ESTAR NA PLATEIA

CAPÍTULO 13

CUIDADO! O "HOMEM-BOMBA" PODE ESTAR NA PLATEIA

Um dos participantes de meu curso para novos palestrantes me escreveu uma carta quinze dias após o curso. Na carta, ele deixa bem claro que a partir do momento em que eu disse haver, em todas as plateias, "HOMENS-BOMBA", ele mudou TOTALMENTE a forma como apresentava suas conferências. Ele escreveu: "Nunca mais me comportei da mesma forma depois de sua aula sobre a presença do homem-bomba na plateia".

Digo no curso para novos palestrantes que eles têm de pensar bem antes de abrir espaço para perguntas. Muito cuidado ao dizer para a plateia "Alguém deseja fazer uma pergunta?". Esse momento costuma ser fatal, pois sempre há na plateia um HOMEM-BOMBA. Não queira achar que na sua plateia não há, por que há, sim, e muitos.

Sempre há alguém que sabe mais do que você. Tenha certeza disso. Você pode estar no "fim do mundo", com 10 pessoas na plateia, e sempre haverá alguém que sabe mais do que você ou deseja lhe COMPLICAR. Isso mesmo: alguém que deseja complicar você. Quando você dá abertura para questionamentos, tenha certeza de que alguém PUXARÁ A CORDA PARA A BOMBA EXPLODIR.

Não há como dominar 100% um assunto. E mesmo que você domine, alguém vai querer lhe complicar. E ainda que ninguém lhe complique, suas respostas aos questionamentos podem afastar a plateia de você, pois você vai querer mostrar que tem CONHECIMENTO.

Belo Horizonte, março de 2003. Estávamos num auditório cheio, lotado, com gente saindo pelos lados. Chamamos o segundo palestrante do dia. Quando ele subiu ao palco, entregamos a ele o microfone e em vez de começar a palestra de forma "normal", ele se dirigiu para o meio da plateia e deu liberdade aos participantes para fazer perguntas.

No começo, estranhei e perguntei para nossa coordenadora: "Por que ele está abrindo assim? Por que não vai direto à palestra? Para que abrir para perguntas, ainda mais no início?"

Não deu outra. Na terceira ou quarta pergunta, o HOMEM-BOMBA se manifestou, e de FORMA MUITO RADICAL. Ele disse ao palestrante:

— Eu não concordo com sua afirmação.

Pronto. O homem-bomba se manifestou. E agora?

O palestrante não sabia que rota seguir, não sabia o que fazer. Ficou sem jeito, falou isso e aquilo, mas a besteira já estava feita.

Pergunto: Para que abrir para perguntas no início de uma apresentação? E digo mais: Melhor não abrir nem no meio, nem no final.

Você poderia me perguntar: "Edílson, mas o tipo de treinamento, palestra, workshop que ministro exige isso". Concordo, mas no seu caso não estamos falando de palestras de uma, duas horas. Palestra é uma coisa, workshop é outra, bem diferente.

Evento internacional. Estávamos num luxuoso hotel na belíssima cidade de Punta Del Este. O auditório estava completamente cheio. O palestrante conduzia bem o workshop, tudo acontecia tranquilamente, até que abriu para uma sessão de perguntas. O que ele não esperava era a presença de uma MULHER-BOMBA na plateia! Isso mesmo: uma MULHER-BOMBA. Ela começou a questionar, questionar, questionar e contrariar tudo o que o palestrante dizia. Foi um bate-boca sem fim.

O problema nesse caso foi que o palestrante não soube retirar o foco dessa participante. Ao mesmo tempo, queria mostrar que tinha conhecimento do assunto, levando o debate com ela adiante. Faltou um pouco de "malandragem" da parte dele. No primeiro questionamento, ele deveria ter mudado de assunto ou direcionado a palestra para os demais participantes. O que aconteceu dali para frente foi uma catástrofe, ou seja, nada deu certo depois. O evento tinha tudo para terminar em alta e terminou em baixa.

Eu preciso lhe dizer de novo; CUIDADO, MUITO CUIDADO QUANDO ABRIR A PALESTRA PARA PERGUNTAS.

Não importa se você está em início de carreira ou já ministra palestras. Tenha em mente que você está falando para pessoas que têm os próprios conhecimentos, orgulho, sentimentos, emoções, e tudo pode ser extravasado por meio de uma pergunta dirigida a você.

Não há quem detenha 100% de conhecimento sobre determinado assunto. Você pode ser pesquisador de determinado tema, mas tenha certeza de que alguém já pesquisou esse assunto também. Pense que o HOMEM-BOMBA está presente em todas as plateias do mundo.

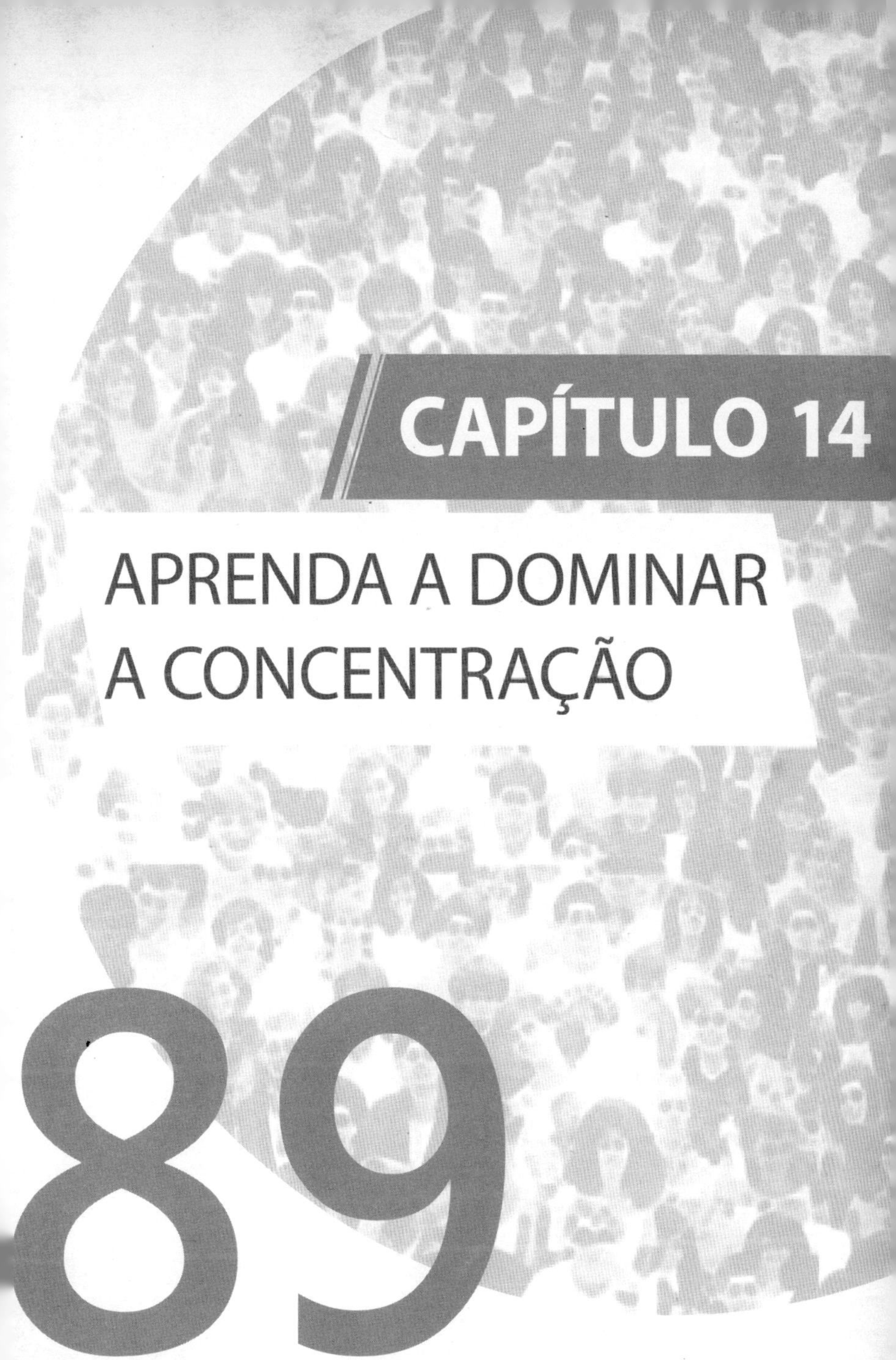

CAPÍTULO 14

APRENDA A DOMINAR A CONCENTRAÇÃO

CAPÍTULO 14

APRENDA A DOMINAR A CONCENTRAÇÃO

Há algo do qual você não vai escapar como palestrante. Da ansiedade, do nervosismo, da tensão de subir ao palco. Quem diz não sentir "frio na barriga" está mentindo. Pode ser um pregador, um palestrante, um instrutor... Toda e qualquer pessoa, ao subir ao palco para falar, sente algo; é inevitável.

Um dos maiores desafios que tive na vida foi disputar um campeonato de xadrez na escola de meu filho.

O xadrez é um jogo que requer muita concentração. Eu havia chegado à semifinal, e para isso havia derrotado três participantes. A pessoa que disputaria a semifinal comigo também havia derrotado outros três participantes. Quando o juiz me apresentou a ela, confesso que levei um choque. Ele disse assim: "Essa é a pessoa que disputará com você a semifinal". Eu estava diante de uma senhora que, com certeza, tinha mais de 70 anos. Após os cumprimentos, fiquei relaxado e pensei que seria moleza ganhar daquela velhinha. Estava no papo! Já me considerava o campeão.

O final da história é bem trágico. Ela me MATOU em 12 lances. O que aconteceu? Eu havia perdido minha concentração. Perdi, e perdi feio.

Não deixe sua CONCENTRAÇÃO no piloto automático. Em hipótese alguma isso pode ocorrer na sua carreira, empresa, muito menos quando subir ao palco. Concentre-se. Coloque ENERGIA na sua concentração. Não deixe nada o perturbar.

Muitos fatores podem nos desconcentrar, como olhar a caixa de mensagens antes de subir ao palco, falar com alguém sobre algo que o está incomodando... Se estiver vivendo um momento difícil, não queira tratar de assuntos delicados antes da palestra. Não é hora para isso. Desligue tudo. Isso mesmo, não trate de nenhum assunto antes de ir para o palco.

Um dos maiores palestrantes que conheci me disse que quando vai palestrar à noite, a partir do meio-dia não atende mais a telefonemas, não vê mensagens, não trata de nenhum assunto além da palestra.

O poder de concentração está em você. Pense que aquela palestra pode ser a última de sua vida. Você não pode se aborrecer com fatores externos.

Por outro lado, você precisa ficar atento a outro fator. Você se lembra do primeiro encontro com sua namorada ou seu namorado? Você certamente estava bem vestido, passou seu melhor perfume, ensaiou seu melhor discurso.

Alguns palestrantes, depois que ganham o cliente, nunca mais voltam a se apresentar como da primeira vez ou, simplesmente, colocam a carreira ou apresentação no piloto automático.

Lembre-se que a vida é uma VENDA. Temos de vender o TEMPO TODO. Se você é contatado por um cliente que já o contratou anteriormente, mostre a mesma concentração e energia da primeira vez.

Conheci um palestrante mexicano que tinha por hábito chegar ao evento pouco tempo antes de sua palestra. Ele não queria contato com o público ou outros palestrantes antes da apresentação. Ele praticamente se isolava. Não queria se "contaminar" com nada.

Alguns palestrantes costumam chegar cedo a eventos com outros palestrantes. Se fosse você, não faria isso. Ter contato com o público muito antes da apresentação, bem como com outros palestrantes, vai lhe tirar a energia e concentração.

Estou falando de CONCENTRAÇÃO. O nome fala por si só. Não há o que discutir. Se sua palestra é à tarde, por que estar no evento logo cedo? Para acompanhar todas as palestras no decorrer do dia? Claro que se isso é uma exigência de quem o contratou, é preciso ir, se não, por que estar lá desde cedo?

Os momentos de ansiedade durante o dia tiram toda sua energia. Conversas nos bastidores também, ainda que a maioria dos palestrantes seja de amigos, camaradas. Lugar de encontrar amigos é em restaurantes, festas, não nos bastidores de um evento.

Blinde sua alma. Isso mesmo. BLINDE sua alma. De que forma? Simples: evite lugares ou pessoas que possam entrar na sua alma.

Pode pensar o que quiser de minhas palavras. Você tem o direito, mas aqui quem fala é uma pessoa que quer orientá-lo nesse mercado. São pequenos detalhes que fazem a diferença. Lembre-se: os detalhes fazem a diferença. A vida é uma VENDA. Encare essa profissão com profissionalismo. Seja um profissional desse negócio. É preciso se concentrar.

Faça sua palestra como se fosse a última de sua vida. Para isso, dê especial atenção a sua CONCENTRAÇÃO.

CAPÍTULO 15

COMO APRESENTAR UMA PROPOSTA DE SUA PALESTRA

CAPÍTULO 15

COMO APRESENTAR UMA PROPOSTA DE SUA PALESTRA

Quando um médico lhe diz "Precisamos fazer um diagnóstico", ele quer checar, verificar que tipo de problema você tem. Ocorre a mesma coisa quando você precisa apresentar uma proposta de palestra.

Se você está vendendo uma palestra, se você realiza o que chamo de VENDA ATIVA de seus produtos, é importante, primeiramente, DIAGNOSTICAR seu cliente. Quando ele lhe solicita uma proposta, é importante DIAGNOSTICÁ-LO. Nunca passe uma proposta sem antes fazer isso. "Como faço isso?" — você deve estar se perguntando.

Faça perguntas-chave para o cliente: "Por que ele está procurando um palestrante?"; "Por que precisa da palestra?"; "Quais as maiores dificuldades da equipe dele?". Enfim, faça um diagnóstico.

Tenha certeza de que se o cliente o está procurando, é por algum motivo. Fique atento às cotações que você recebe. Jamais deixe seu(sua) assistente ou secretária passar uma proposta sem antes DIAGNOSTICAR o que o CLIENTE QUER.

Muitos palestrantes me falam: "Edílson, eu recebo várias solicitações de cotação, mas não fecho muitas palestras". Tenha certeza de que uma das causas desse problema é a falta de diagnóstico do cliente, antes de passar a proposta a ele.

Na maioria das vezes, você não está no escritório para atender o cliente, porém TREINE SEU(SUA) ASSESSOR(A), ou quem realiza as cotações, para fazer esse diagnóstico antes.

De cada dez propostas que recebo para contratação de palestrante, no máximo uma passou por DIAGNÓSTICO.

Preste atenção: Se seu produto ou serviço atende às exigências do cliente, você não precisa vendê-lo, ele o comprará.

Há pessoas que não sabem por que não vendem. Fazem tudo corretamente, mas a pessoa responsável pelo contato com o cliente não está treinada para vender, para arrematar a venda.

Fique atento a quem está entre você e o cliente. É necessário que essa pessoa seja treinada, motivada e, acima de tudo, que tenha participação nos resultados. São seus vendedores, as pessoas que vendem em seu nome, que têm contato com os clientes. Eles precisam ter habilidade em vendas, fechamento e, acima de tudo, negociação.

Pense: quando um cliente está cotando seu serviço, com certeza está cotando o trabalho de outros palestrantes. O mercado é altamente competitivo. Quanto vale a ligação de um cliente? Quanto vale o contato do cliente com seu escritório?

Elizabeth Souza, grande vendedora de palestras, afirma: "Todo cliente tem uma necessidade. Essa necessidade pode ser uma convenção motivada por uma dificuldade pela qual a empresa está passando, o lançamento de um produto, ou um acontecimento na cidade, e precisamos descobrir qual é essa necessidade". Ela acrescenta: "É um erro achar que quando surge uma cotação, o cliente busca apenas aquele serviço. Hoje há muitos concorrentes no mercado; ao mesmo que um cliente liga para um palestrante, ele liga para outro".

No treinamento para novos palestrantes, sempre digo que o "vendedor" do palestrante tem de usar técnicas para fechar o negócio. Além de "diagnosticar" o cliente com perguntas-chave, ele precisa passar uma proposta de serviço que apresente uma solução para o problema levantado no diagnóstico.

Ele deve apresentar "fatos e argumentos" para sustentar o preço. É muito difícil sustentar uma proposta somente com o nome do palestrante. É preciso dar fatos, argumentos, testemunhos e tudo mais que for possível. Quanto mais fatos ele apresenta, mais vende.

Diariamente estou em contato com palestrantes de todo o Brasil e do exterior, e confesso que poucos se preocupam em treinar seus vendedores ou assistentes. Alguns colocam familiares para tomar conta de suas agendas. Não sou contra isso, porém você não pode colocar alguém da família para cuidar de sua agenda sem cobrá-la, sem comandá-la. Tem de existir uma relação profissional.

Alguns palestrantes se acomodam, e colocam qualquer pessoa para cuidar de seu negócio. Pense profissionalmente. Você pode até colocar alguém de confiança, mas que seja competente. Vou repetir: alguém de confiança que seja competente.

Se você é assistente ou assistente/vendedor de um palestrante, é preciso se aperfeiçoar em vendas, negociação, argumentação, etc. Procure um treinamento, curso, *workshop* que possa auxiliá-lo. Procure olhar em direção ao horizonte; olhe mais adiante. Pesquise o mercado de eventos, palestras, conhecimento.

CAPÍTULO 16

O TAMANHO DO MERCADO DE PALESTRAS NO BRASIL

CAPÍTULO 16

O TAMANHO DO MERCADO DE PALESTRAS NO BRASIL

Cheguei cedo ao Aeroporto de Barajas, em Madrid. Eu tinha uma conexão para Lisboa, e meu voo ainda demoraria cerca de três horas. Como sou viciado em livrarias, comecei a vasculhar as que existiam no aeroporto de Madrid em busca de literatura de autoajuda, vendas, gestão, liderança, etc.

Como não é surpresa para mim, esse tipo de literatura ocupa pouco espaço nas livrarias mundo afora. Em nosso país esse gênero vende e muito. POSSO AFIRMAR QUE O BRASIL É UMA POTÊNCIA MUNDIAL EM TERMOS DE EDUCAÇÃO EMPRESARIAL.

Se você deseja trabalhar num MERCADO com ALTO POTENCIAL, escolheu o negócio certo. No Brasil, vendem-se diversos produtos relacionados à educação empresarial — livros, DVDs, revistas e, principalmente, seminários.

Esse mercado do conhecimento cresce assustadoramente, no Brasil. Nosso país é muito rico em sites, revistas e tudo mais que ajuda esse mercado a CRESCER MAIS E MAIS. Além disso, acredito que no Brasil há mais palestrantes vivendo de palestras do que em outros países. É incrível como esse negócio cresceu por aqui. Mas desde já aviso: Você não pode estar no mercado de palestras, e sim no mercado do conhecimento. Essa é a chave.

Entre no mercado do conhecimento. Ele pode estar em livros, DVDs, artigos, programas de TV, em histórias de vida e de superação, na motivação pessoal, em consultoria, na orientação de um *coach*, e assim por diante.

Se você pensar somente em mercado de palestras, poderá morrer de fome. Não estou dizendo que você não vencerá, mas com certeza terá de LUTAR muito.

Você não pode focar apenas em SER UM PALESTRANTE. Você precisa dizer que está no MERCADO DO CONHECIMENTO. A palestra é a forma como você leva o CONHECIMENTO para as PESSOAS.

Já lhe expliquei, em capítulos anteriores, que você pode estar no palco por vários motivos — ter sucesso no mundo dos esportes, ter uma história de vida fabulosa, ter descoberto algo que mudou a vida nas empresas. Isso motivou alguém a convidá-lo para dar uma palestra. Por que muitos palestrantes em início de carreira sofrem, e muitas vezes não decolam? Porque o foco está em dar palestras.

Pense comigo: você está vendendo uma palestra? Ninguém quer comprar palestras. As pessoas querem uma solução para problemas pessoais ou da sua empresa. Se sua palestra tem essa solução, OK! Negócio FECHADO. AS PESSOAS A COMPRARÃO.

Você deve estar louco para me perguntar: "Como sair do mercado de palestras e focar o mercado do conhecimento?". Isso é simples. Comece a pensar na mensagem que está levando às pessoas. Ela pode ser colocada em um livro, DVD, em forma de artigo, áudiobook, revista, *workshop*. ESPARRAME SEU CONHECIMENTO!

Como tirar o foco de simplesmente dar palestras para entrar no mercado do conhecimento? Pense nas seguintes questões: "O conteúdo de sua palestra ou história pode ser transposto para um livro? DVD? Áudio? Artigo? Treinamento?" É dessa forma que você entra no mercado do conhecimento.

Quando você abre a cabeça e foca em vender seu conhecimento de várias formas, começa a se transformar naquilo que chamo de CELEBRIDADE. Afinal, esse MERCADO TAMBÉM TEM CELEBRIDADES, ou seja, profissionais altamente qualificados, de alta performance, que divulgam seu trabalho e toda semana recebem pedidos de palestras em seu escritório. As celebridades geralmente estão no MERCADO DO CONHECIMENTO. É possível vê-las em palestras, vídeos, DVDs, revistas, artigos, jornais, etc. Qual sua estratégia? Elas esparramam seu conhecimento de várias formas.

Meu parceiro de negócios, Nelson Bueno, sempre me alerta que o mercado de convenções cresce cada dia mais. Que mercado é esse? Trata-se de empresas que realizam convenções, lançamento de produtos, campanhas de vendas, etc. e desejam um palestrante para isso. Quando vão decidir por um palestrante, geralmente cotam aqueles que "esparramaram" conhecimento e por isso são lembrados.

Esparramar seu nome também faz parte da estratégia de se tornar um palestrante de sucesso. Quando você começa a pensar no "mar", com certeza é mais fácil chegar ao "córrego".

Não podemos deixar de entender que somente é possível esparramar conhecimento se realmente conhecemos nosso TEMA. Qual é o seu? Vendas, liderança, gestão, finanças, motivação...?

CAPÍTULO 17

COMO MULTIPLICAR SEUS NEGÓCIOS EM EDUCAÇÃO EMPRESARIAL

CAPÍTULO 17

COMO MULTIPLICAR SEUS NEGÓCIOS EM EDUCAÇÃO EMPRESARIAL

John Steve é um amigo que ganhou muito dinheiro com educação empresarial. Ele simplesmente criou uma metodologia e colocou multiplicadores para aplicá-la. Jamais teve medo de alguém criar outra metodologia e tornar-se seu concorrente. Isso de fato aconteceu, mas ele nunca se importou. John estava focado em criar estrelas, não em ser uma delas.

Você precisa definir seu FOCO. Está em você ou no produto? Você quer ser uma celebridade? Você quer focar na metodologia que criou? Onde está seu FOCO?

Há inúmeras oportunidades para palestrantes ou profissionais da área multiplicarem seus negócios, esquecendo-se de serem eles o FOCO principal.

Tempo atrás ouvi uma frase: "Quem vai ajudá-lo a ganhar dinheiro são as pessoas". Não tenha medo de se associar a outras pessoas para ganhar dinheiro. Sei que há certo medo em ter parceiros para multiplicar seu conteúdo. Não há nada que um bom advogado não possa colocar no papel. Aprendi algo muito importante com minha advogada, Dra. Andréa Cunha: "Não há 100% de blindagem nos negócios".

Se você tem um conteúdo que pode virar uma METODOLOGIA, que por sua vez pode ser aplicada por outros facilitadores, por que não MULTIPLICAR SEU CONHECIMENTO? Por que não contar com pessoas capacitadas para APLICAR o que você desenvolveu?

Há muitos palestrantes bem-sucedidos no mundo que criaram uma METODOLOGIA e hoje há pessoas que a aplicam e eles ganham *royalties* por isso.

Conheço um palestrante cujo conteúdo é nota 10. Por várias vezes conversei sobre a metodologia que ele inventou.

Da última vez que estive com ele, lhe perguntei:

— Por que você não foca na metodologia, em vez de focar em você?

Ele pensou e respondeu:

— Tenho medo de criar concorrentes.

— Sendo assim, contrate um advogado — sugeri.

Mais uma vez, ele respondeu:

— Tenho medo de treinar instrutores que apliquem meu conteúdo e depois virem meus concorrentes.

— Oras, você tem medo da vida? Não existe blindagem 100% no mundo dos negócios. Contrate um bom advogado, seja correto com os instrutores e siga em frente.

Tive conversas semelhantes com ele várias vezes. Não me lembro de quantas vezes já toquei nesse assunto. Volta e meia ligo para ele e digo: "Você ainda vai morrer abraçado com esse conteúdo!".

Existe algo da cultura brasileira muito forte em nós. Queremos ser donos de tudo. Temos medo de colocar pessoas para multiplicar nossas ideias. Somos desconfiados por natureza. É normal. Eu sou assim, você é assim e seu vizinho também é assim. Americanos, quando criam algo, já pensam em multiplicar.

Pense sempre nesta frase: "Quem vai me ajudar a ganhar dinheiro são as pessoas". Isso é pura verdade. Com certeza você terá problemas em sua expansão — escolherá o parceiro errado, sofrerá frustrações, decepções, fará maus acordos, terá problema com advogados, contadores, enfim, não pense que será fácil expandir suas ideias.

Eric Gonzales é um grande advogado. Além disso, é uma pessoa muito HONESTA. Certa vez, conversando com ele, perguntei por que os acordos costumam dar problemas. Ele me respondeu da seguinte forma:

— Em algum momento antes de se fechar um contrato, uma das partes tem de fazer uma reflexão: "O que pode dar errado nesse negócio?". Você tem de ter esse tipo de indagação em mente antes de assinar qualquer coisa.

Ele continuou sua "aula" de assinatura de contrato:

— As partes se apaixonam, empresarialmente falando, e não prevêem o que pode dar de errado no negócio, lá na frente.

Numa mesa de negociação, ninguém discute falhas ou erros que podem acontecer após a assinatura do projeto. Todos estão encantados uns com os outros. Se realmente for multiplicar seu conteúdo para pessoas aplicarem-no, procure um profissional para orientá-lo.

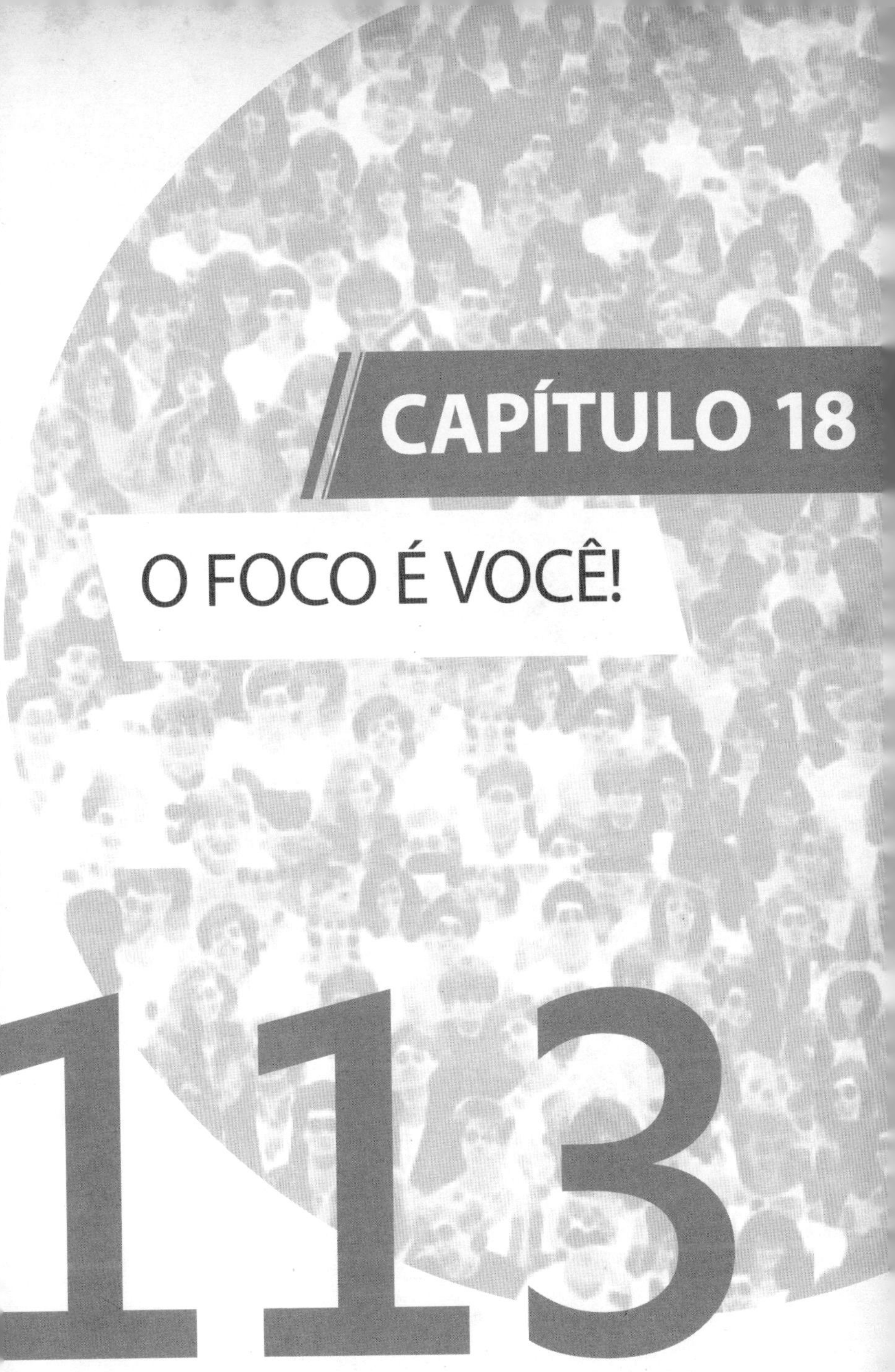

CAPÍTULO 18

O FOCO É VOCÊ!

CAPÍTULO 18

O FOCO É VOCÊ!

Você deve estar pensando. "O foco sou EU. Quero ser uma celebridade no mundo de palestras. Quero ser reconhecido em todos os lugares. Eu sou o cara."

Nada mal, mas pensar é uma coisa, tomar a DECISÃO DE SE TORNAR UMA CELEBRIDADE NO MUNDO DE PALESTRAS É OUTRA.

Eu já lhe disse, somente vontade não basta. Se você realmente quer se tornar uma celebridade, além de muita disciplina, ensaio, trabalho, leitura, etc., você precisa de uma coisa que acho FUNDAMENTAL: AUTOCONFIANÇA. Você terá várias situações para enfrentar, e sem AUTOCONFIANÇA, AUTOESTIMA, será quase impossível vencer.

Quanto mais você se expõe, mais é cercado. Existe uma frase muito verdadeira: "Ninguém chuta cachorro morto". É a pura verdade. Quanto mais você se expõe, mais o mundo vai lhe dizer "Onde você pensa que vai?".

Se seu foco é VOCÊ, com certeza as pessoas pensarão que é vaidoso, quer aparecer. Uma coisa é verdade: "Ninguém gosta de sujeitos vaidosos. Sendo assim, com certeza não gostarão de você."

Está mesmo preparado para ser uma celebridade desse negócio? Não há como ser uma celebridade se você não GOSTAR MUITO DE VOCÊ. Isso é o que chamo de AUTOCONFIANÇA.

Todas as vezes que encontro meu amigo americano Steve Nelson, ele me diz: "Seja intrépido". Da última vez, pedi a ele:

— Explique melhor o que é isso. Sei o que significa essa palavra, mas dê sua definição para a palavra intrépido.

Ele respondeu:

— OBSTINADO.

A resposta diz tudo. Seja INTRÉPIDO quando focar em VOCÊ para se tornar uma celebridade.

Você precisa ter consciência de que qualquer passo dado em direção a sua promoção aumentará sua AUTOCONFIANÇA. Por exemplo: Você gosta de seu ROSTO, de sua IMAGEM? Tem medo ou vergonha de vê-la na capa de um livro, num *outdoor*, na televisão, na capa de um DVD?

A maioria dos palestrantes bem-sucedidos que conheço não tem REJEIÇÃO alguma à imagem deles. Eles realmente são MUITO FORTES quanto à autoimagem.

Crie sua FOTO PRINCIPAL. Qual é sua foto de divulgação? Você deve estar pensando: "Isso não é para mim. Nem sou famoso ainda. Isso é algo a pensar mais para frente". Ledo engano. Isso é coisa para hoje. Produza sua foto principal. Selecione várias, peça opiniões e defina imediatamente qual será sua FOTO PRINCIPAL.

Definida a foto, defina sua assinatura. Estude como ela será, qual seu formato, e a coloque junto à foto.

Você deve estar pensando: "Esse cara é louco". Não sei se sou louco, mas o fato é que você tem de ser "meio louco" de vez em quando. Por que não CRIAR SUA FOTO PRINCIPAL E ASSINATURA? O foco não é você? Então, vamos focar você.

Com certeza você já ouviu falar de inúmeras pessoas de sucesso, que tiveram uma infância difícil ou que passaram muitas necessidades e hoje são bem-sucedidas. Ninguém chega ao SUCESSO SEM TER UMA GRANDE AUTOCONFIANÇA.

Quando digo que você precisa ter uma FOTO DE TRABALHO é porque tem de ter. Não interessa em que momento está de sua vida. Não interessa se você não ganha nada ainda. Não interessa se o mundo já lhe disse "não" várias vezes. Tudo isso não interessa. Caso queira realmente ser uma celebridade, precisa pensar ALTO!

Paul Vasquez, grande palestrante da área motivacional, era um menino completamente normal quando nasceu, mas aos nove anos de idade ficou cego. Adulto, começou a trabalhar arduamente dia após dia e se tornou consultor. Um dia, uma repórter lhe perguntou: "Como, apesar de cego, o senhor conseguiu se tornar consultor e palestrante?".

Paul Vasquez pensou e respondeu: "Acredita que nunca percebi que era cego?".

A melhor forma de FORTALECER sua autoconfiança no sentido de ser uma CELEBRIDADE é pensar ALTO. Isso mesmo: PENSE ALTO!

O que é uma celebridade? É uma pessoa amplamente reconhecida. Se pensarmos no mercado de palestras, podemos considerar celebridade uma pessoa que seja REFERÊNCIA nesse mercado.

Você deseja ser uma celebridade nesse mercado? Já tomou a decisão de se expor?

CAPÍTULO 19

"ESPARRAMANDO" SEU NOME

CAPÍTULO 19

"ESPARRAMANDO" SEU NOME

Dia 7 de novembro de 2006. O telefone tocou em meu escritório às 17h30min. Estava saindo, e retornei para atender. Do outro lado, uma voz familiar me disse:

— Edílson, estarei num famoso programa de entrevistas esta noite. Por favor, sintonize sua TV e assista a minha entrevista.

O programa foi ao ar por volta das 23h30. Eu não tenho muita paciência para assistir TV até tarde da noite. Não assisti.

No outro dia, de manhã, ele me ligou novamente:

— E aí, assistiu? — perguntou ele.

— Não. — respondi.

Ele ficou muito bravo:

— Por que não assistiu a minha entrevista?

— Não assisti porque estava com sono.

Ele ficou muito decepcionado, mas continuamos o diálogo.

— Como foi? — perguntei a ele.

— Foi sensacional. Várias pessoas acessaram meu site, vendi diversos livros, recebi vários e-mails. Do dia para noite, fiquei famoso.

Eu pensei: será que uma entrevista num programa de TV pode mudar a vida de uma pessoa?

Quinze dias após a entrevista, esse palestrante ligou novamente para meu escritório.

— Edílson, realmente a coisa estourou. Hoje recebi mais de cinco solicitações de palestra. Houve um divisor de águas — antes e depois da entrevista.

Pense comigo: um programa de TV pode mudar a vida de uma pessoa? Pode mudar a carreira de um palestrante? Claro que sim. Porém não é a entrevista em si que importa, mas o que você fala durante ela, como se comporta, que tipo de mensagem transmite, etc. Caso surja convite para uma entrevista, não perca a oportunidade.

Estava num evento na cidade do Rio de Janeiro quando meu amigo palestrante, Luiz Chaves, informou que, após a entrevista para uma estação de rádio, sua vida como palestrante mudou para melhor.

Você tem dois caminhos a percorrer: o primeiro é conseguir uma entrevista; o segundo é decidir o que dizer durante a entrevista.

Vejo muitos palestrantes darem uma entrevista aqui, outra ali, mas poucos estão preparados para serem FULMINANTES na entrevista. É uma oportunidade que não devemos perder.

No processo de "esparramar" seu nome, você necessitará da ajuda de alguém que possa "provocar" essas entrevistas.

Tente uma assessoria de imprensa. Peça referências sobre essa assessoria, veja quem já foi atendido por ela, porém não assine um contrato longo. Conheço ótimas empresas que fazem esse trabalho, mas o oriento a nunca assinar um contrato anual. Assine um contrato por 90 dias. Trace um objetivo em comum. É muito importante ter alguém para assessorá-lo nesse caminho.

Você sabe escrever um artigo? Não qualquer artigo, mas um capaz de impactar. Como se escreve um bom artigo? Se não sabe, também terá de pedir ajuda para fazê-lo.

No processo de "esparramar" seu nome, sua marca, a produção de artigos para revistas é, sem dúvida, essencial. Um bom artigo pode abrir portas, gerar demanda por palestras, fazer seu nome ficar muito mais conhecido.

Venda o TEMPO TODO. Todo dia você precisa se vender. Não interessa que meio utiliza para isso — rádio, jornal, televisão. O importante é se vender todos os dias.

Você deve estar pensando: "Que tipo de venda tenho de fazer?". A venda de sua marca — VOCÊ. Essa é a venda principal. O mercado precisa conhecê-lo. Você precisa ser referência em palestras. Quando alguém pensar em contratar um palestrante, tem de se lembrar de você. Isso é fácil? Não, claro que não. Não existe caminho fácil, portanto procure um caminho seguro.

Também não digo que esse trabalho não custará nada. Todo trabalho tem seu valor ou preço. Você pode estar pensando: "Como farei tudo isso se não tenho dinheiro?"

Claro que dinheiro é importante para o processo de expansão. Não podemos nos esquecer disso. Porém, quando não se tem dinheiro, você realmente tem que tirar no BRAÇO e usar a IMAGINAÇÃO.

Se você está trabalhando atualmente, aconselho a não sair da empresa onde trabalha. Tente desenvolver a carreira de palestrante paralelamente, pois seu caixa não pode "sangrar". Se o que o mantém financeiramente é seu emprego, não o abandone ainda.

Todas as semanas recebo várias mensagens de novos palestrantes me perguntando se devem ou não deixar o atual emprego para tentar a carreira de palestrante. Qual é a hora certa? Se fosse você, conciliaria as duas coisas até realmente sentir que o CAIXA de seu emprego não fará falta.

Preciso somente lhe fazer um alerta: deixe tudo claro para seu atual patrão. Não esconda nada. Não faça nada escondido. Fale com ele abertamente sobre seus planos.

CAPÍTULO 20

COMO PRODUZIR SEU DVD

CAPÍTULO 20

COMO PRODUZIR SEU DVD

Em todos os encontros que promovo para novos palestrantes, sempre há um forte debate sobre o tema PRODUÇÃO DE UM DVD.

A maioria dos participantes pergunta: "É importante eu gravar um DVD?"

— Tudo ajuda! — eu lhes respondo.

O DVD é uma poderosa arma de divulgação de seu nome ou serviço. No processo de "esparramar" seu nome, tenha em mente que a produção de um DVD, ou vídeo, é algo que você não pode deixar de fora.

Com certeza a gravação de um DVD mudou a vida de muitas pessoas. Conheço uma palestrante que diz, todas as vezes que me encontra: "Eu já vendi muitas palestras a partir de meu DVD".

Outro palestrante certa vez me encontrou e disse: "No começo, eu achava que meu DVD iria atrapalhar a venda de minhas palestras, mas depois percebi que ele até ajuda a vendê-las".

De uma coisa você pode ter certeza. Os DVDs ajudam e muito a vender palestras, porém, quando mal feitos, ATRA-

PALHAM a venda de palestras. Isso mesmo. DVDs mal feitos desmerecem seu trabalho.

Tenha claro em sua mente que quando falo de DVD refiro-me a algo produzido, embalado e que o cliente receberá em sua casa. Não estou falando de vídeos, por enquanto.

Estava em meu escritório quando tocou o telefone. Do outro lado da linha, a palestrante Cristina Ferreira, feliz e radiante, me disse:

— Estou lhe telefonando para dizer que já gravei meu DVD e o estou mandando ainda hoje via SEDEX. Por favor, assista-o com carinho e me diga o que pensa.

— Como foi gravado? — perguntei a ela.

— Eu reuni algumas pessoas e fiz uma gravação com plateia.

Dois dias depois, o carteiro me entregou o pacote do Sedex. Abri e imediatamente coloquei o DVD no aparelho para assistir à tal gravação. Poxa... estava muito mal feito. Não estava bom. Simplesmente Cristina reuniu alguns amigos numa sala e gravou o DVD. Algumas pessoas estavam de camiseta, outras mal-humoradas, e assim por diante. Um DVD desse nível não VENDE nada, e o que é pior "queima" sua imagem com o CLIENTE.

Se pretende gravar com plateia — ao vivo — tem que haver um contexto real de apresentação. Não adianta chamar alguns amigos e gravar. Porém, se realmente isso não é possível, faça um TALK SHOW EMPRESARIAL. Isso é muito bom, e considero uma jogada CERTEIRA. Arrume um bom entrevistador. Não precisa ser alguém famoso, mas tem de fazer PERGUNTAS DIRECIONADAS AO SEU CONTEÚDO. Boas perguntas, quando direcionadas ao seu conhecimento, com certeza lhe renderão BOAS RESPOSTAS.

Caso domine vários assuntos, faça um DVD ou vídeo sobre cada assunto no formato TALK SHOW EMPRESARIAL. E não se esqueça de "esparramar" seu conteúdo.

Estabeleça seu DVD como moeda de troca. Conheço um palestrante que em todas as negociações oferece um LOTE de DVDs como bônus para o cliente.

Cansei de ver Paulo Gomes, exímio palestrante de liderança, vender várias palestras e bonificar clientes com DVDs. Antes de enviar a cotação para uma palestra, ele sempre pergunta quantas pessoas estarão presentes ao evento. A partir disso, ele monta sua proposta e, invariavelmente, presenteia com um DVD todos os participantes.

O DVD é uma belíssima MOEDA DE TROCA. Coloque-o em suas negociações. O valor para duplicar um DVD é bem baixo. Em alguns casos, chega a R$ 4,00 ou R$ 5,00. Trata-se de um PRODUTO com ALTA MARGEM de lucro.

Em eventos abertos, procure negociar com o promotor um espaço para colocar seus produtos à venda. Conheço um palestrante que construiu uma bela mansão somente com a venda de DVDs em palestras abertas.

Outro paradigma que você precisa quebrar: não tenha medo de dizer, durante a palestra, que seus DVDs estão à venda no *stand*. Não tem problema algum nisso. O que você não pode é usar velhos jargões de vendas — "só tem tantos DVDs disponíveis"; "o valor é promocional, somente hoje". Esse tipo de argumento soa meio falso. Fale normalmente que seus DVDs estão à disposição para venda no *stand*.

Alguns palestrantes têm um ARGUMENTO muito forte para vender DVDs. Eles dizem: "O DVD é um complemento de minha palestra". Se realmente ele for, diga isso tranquilamente para a plateia.

CAPÍTULO 21

LIVRO: ESCREVER OU NÃO?

CAPÍTULO 21

LIVRO: ESCREVER OU NÃO?

Afinal, você é escritor ou palestrante? Certamente um livro pode ALAVANCAR, rapidamente, a carreira de um palestrante.

Você pode estar se perguntando: "E se eu não escrever um livro, jamais serei um palestrante?". Posso afirmar com certeza: "Um livro faz decolar a carreira de palestrante, porém, você pode muito bem ser um palestrante célebre sem escrever um livro". O inverso também é verdadeiro, mas um livro ajuda, e muito.

Se você é escritor e seu livro é um BEST-SELLER, então o caminho está quase "pavimentado". Para quem tem um livro de sucesso, basta montar uma palestra com base no conteúdo do livro.

Certo domingo eu estava numa livraria da cidade de Lisboa.

Havia algum tempo que estava de olho em um livro que mostrava sinais de grande vendagem. O livro era bom, e o título também. Eu tinha certeza que dava uma boa palestra aquele livro.

O autor, o Americano Robert James, ainda não era conhecido em Portugal.

Resolvi entrar em contato com ele. Chamei meu amigo Steve Nelson (americano) e o pedi para entrar em contato com o autor nos Estados Unidos. O contato foi feito via telefone.

Eu estava ao lado de Steve Nelson quando ele falou com Robert James. Após a conversa, Steve Nelson virou-se para mim e disse:

— Edílson, Robert James nunca veio a Portugal para uma palestra e não tem noção de como o livro está indo bem por aqui.

Olhei para Steve Nelson e disse:

— Melhor deixar quieto por enquanto. Acho que esse livro não ficará mais que uma semana na lista dos best-sellers.

Pois é... Naquele momento eu disse uma das maiores besteiras como descobridor de talentos ou promotor de eventos empresariais. O livro de Robert James não ficou só mais uma semana, mas muito além disso. Ficou mais de 10 semanas na lista dos mais vendidos, o que abriu um campo enorme para o autor Robert James palestrar em Portugal.

Esse é um dos inúmeros casos bem-sucedidos de pessoas que faziam sucesso como escritores e após alguns ajustes viraram palestrantes.

Com certeza grandes escritores, principalmente de livros de gestão, estão a um passo de se tornar palestrantes. Muitos nos procuram e perguntam: "Se eu escrever um livro, consigo deslanchar minha carreira como palestrante?" Minha resposta é: "Não necessariamente".

Tudo ajuda, inclusive um livro. Além disso, o livro pode ser uma fonte de receita.

Você precisa definir um ponto: deseja escrever o livro para ganhar dinheiro ou para ficar conhecido? O ideal são ambas as opções.

Ganhar dinheiro com direitos autorais é para poucos, por isso, quando negociar seus direitos preocupe-se em ter boa distribuição, não há dinheiro no mundo que pague por isso. Prefira não receber nada em troca da distribuição; se a editora com a qual estiver negociando for boa, isso lhe INTERESSA. De que adianta escrever um livro, se ele não for distribuído no mercado? Às vezes colocamos FOCO no produto livro, demoramos um ano para escrevê-lo, dedicamos nossa vida a ele e pecamos na hora de definir um CANAL DE DISTRIBUIÇÃO. Você pode ter escrito o melhor LIVRO DO MUNDO, mas sem um bom canal de distribuição você não tem nada. Ninguém vai conhecê-lo caso seu livro não "circule".

Claro que tudo isso depende de achar uma EDITORA. Isso é fácil? Não. Aliás, nada do que estou dizendo aqui é fácil. Achar uma EDITORA, alguém que realmente acredite no seu trabalho, é difícil. Trata-se de uma verdadeira peregrinação.

Steve Johnson, grande palestrante, escreveu sete livros. Perguntei a ele uma vez:

— Como você conseguiu uma editora para publicar sete livros?

Ele respondeu tranquilamente:

— Nunca publiquei meus livros em editora alguma. Todos foram publicados com recursos próprios.

— Como assim?

— Você acha que vou ficar batendo de porta em porta atrás de uma editora? Eu mesmo comecei a produzir meus livros. Tive somente um FOCO — ganhar dinheiro com livros durante minhas palestras. Fiz assim: Escrevi meu primeiro livro, mas não o editei. À medida que comecei a ministrar mais palestras, pedi a uma gráfica para rodar alguns exemplares. Eu os vendia durante as palestras e depois corria para pagar a gráfica.

Steve trabalhou o LIVRO como fonte de receita das palestras. O que não é errado, pois o custo para se rodar um livro é baixo, e o preço de venda é bom, ou seja, sua margem de lucro é muito alta.

Lembre-se de que você vende conhecimento. E esse conhecimento pode estar num DVD, numa palestra, num artigo e até mesmo num LIVRO.

CAPÍTULO 22

COMO SE POSICIONAR NAS REDES SOCIAIS

CAPÍTULO 22

COMO SE POSICIONAR NAS REDES SOCIAIS

Eu já disse em capítulos anteriores: "A vida é uma venda". Júlio Cesar, respeitado palestrante, já alertava que não temos uma segunda chance para causar boa impressão.

Conheço gente muito boa, mas que não sabe se vender. Tempos atrás não havia redes sociais, e agora temos várias. Então, aprenda a se vender.

Há ótimos PROFISSIONAIS nos quatros cantos do planeta, mas muitos não sabem que A VIDA É UMA VENDA. Além disso, há várias armadilhas nas redes sociais, e precisamos tomar cuidado. Uma delas, com certeza, é o Facebook.

Você já foi assaltado? Se ainda não, tome cuidado, pois o Facebook é o maior ladrão de tempo que já criaram. O tempo que ele rouba das pessoas é incalculável. Já pensou nisso? Já calculou o tempo que você e várias pessoas gastam com ele? Não estou dizendo para não usá-lo, mas para empregá-lo de maneira inteligente. Isso mesmo. Utilize essa ARMA de forma inteligente.

Encare este capítulo de forma inteligente. Não deixe que o Facebook roube seu tempo. Como ele leva seu tempo? Por meio de seus amigos — sim, isso mesmo. Eles colocam fotos, comentários e outras coisas. Isso o atrai e você acaba curtindo, comentando, compartilhando e lá se vai seu tempo. Conheço pessoas que passam pelo menos de duas a quatro horas no Facebook.

Não se deixe enganar por isso. Quanto menos você INTERAGIR, melhor, pois menor será seu ENVOLVIMENTO com essa rede social.

Você deve estar no Facebook, mas de forma inteligente. Saiba se vender nesse meio. Se realmente quer se dar bem nessa profissão, faça um PERFIL profissional nas redes sociais.

Quando alguém recebe mala direta, e-mail ou ligação sobre sua palestra, geralmente visita sua PÁGINA no Facebook. Todo mundo tem curiosidade. E quando essa pessoa entra na sua página no Facebook, o que vê? Fotos profissionais ou amadoras? Ela vê você na piscina com seus filhos? Em uma festa? O que ela vê quando acessa sua página no Facebook?

Pense: dá para melhorar? Dá para ter um perfil mais profissional? Você deve estar pensando: "Edílson, você não tem nada a ver com isso. Coloco as fotos de minha esposa, meus filhos, meu cachorro e minha sogra e não vejo problema algum". Isso é uma decisão sua, somente sua.

Antonio Freitas, grande parceiro de negócios, sempre me alertou que grandes profissionais perdem oportunidades de trabalho porque não sabem se vender.

Seja "vendedor" por meio de sua página no Facebook. Poste fotos profissionais, de encontros de negócios, enfim, dê ao seu PERFIL uma CARA VENDEDORA.

Fique atento com esta informação: Quantos de seus amigos são possíveis clientes? Acho que muito pouco. Não perca tempo tentando vender palestras para seus amigos. Não são eles que vão comprá-las. Muitos perdem tempo prospectando a rede de amigos. Isso não o levará a lugar algum.

Fico com pena de alguns palestrantes que passam o dia todo no Facebook tentando prospectar clientes. Claro que existem negócios na rede, mas não acredito que seja com seus amigos. Você pode fazer negócio com muita gente, mas terá de pedir ajuda para um profissional da área. Existe sim dinheiro a ser prospectado no Facebook, mas isso acontece somente com a ajuda de um profissional, e você precisa de certa reserva financeira para isso.

Separe um caixa para investir no Facebook. Crie uma fanpage. Peça ajuda para um profissional. Esparrame sua página e tente fazer com que um número grande de pessoas clique em CURTIR. Isso será muito bom, pois você poderá interagir não somente com as pessoas que curtirem sua página, mas também com os amigos delas.

Encare o Facebook como seu vendedor. Imagine que tenha de pagar salário, ajuda de custo e encargos para um vendedor. É nisso que você tem de pensar. O Facebook tem de ser seu vendedor. Para isso, é necessário investir financeiramente nele. Ele pode trabalhar para você dia e noite — 24 HORAS SEM PARAR.

Tudo isso requer planejamento, dinheiro e, principalmente, estudo. Conheça mais essa ferramenta. Lembre-se: uma agência, ou um profissional, conhece a parte técnica de um anúncio, e você conhece o mercado. Não basta somente investir, colocar seu dinheiro na agência, mas participar. Você tem ideias que, somadas com as deles, resultarão em grandes negócios.

CAPÍTULO 23

APRENDA A PROSPECTAR CLIENTES

CAPÍTULO 23

APRENDA A PROSPECTAR CLIENTES

Dia sete de maio de 2001. Estávamos reunidos com diversos palestrantes, a fim de discutir qual seria a melhor forma para se vender palestras. O debate começara às 9 horas da manhã, já era meia noite, e todos ainda tinham ideias a expor.

O objetivo era responder às seguintes perguntas: "Como você prospecta clientes para vender suas palestras?"; "Qual é a sua forma de vender?"; "Quem vende suas palestras?"; "Você já tem uma carteira de clientes?".

Naquela época, não se falava em redes sociais, mas em visitas pessoais.

Há duas estratégias para vendas: a PASSIVA, ou seja, quando você recebe certo número de ligações em seu escritório todos os dias (falaremos disso mais adiante); ou a ATIVA, em que você vai atrás do cliente.

No meio do debate, o renomado palestrante Carlos Augusto perguntou-me:

— Edílson, você sabe o tamanho do mercado de convenções do Brasil?

— Não entendi — respondi para ele.

— Estou lhe perguntando se você sabe o tamanho do mercado de convenções do Brasil, ou seja, qual o número de empresas que fazem convenções anuais.

— Não faço a mínima ideia! — respondi.

Ele olhou nos meus olhos e disse:

— Esse mercado é fabuloso. Muitas empresas fazem convenções todos os anos, e necessitam contratar palestrantes.

Ele se levantou da cadeira e acrescentou:

— Já pensou em ter um banco de dados com o nome dos responsáveis por todas as empresas que necessitam contratar palestrantes para os eventos anuais?

Na hora, percebi que a ideia dele era sensacional. De fato, ele tinha em seu banco de dados cerca de 200 empresas que faziam convenções anuais e necessitavam contratar palestrantes.

Imagine estes números: 200 empresas divididas por doze meses dá quase 20 contatos por mês. Trata-se de um número altamente qualificado de prospects. Caso o palestrante consiga fechar um contrato por mês, ele fecharia 12 palestras em um ano, o que é um bom número.

Perguntei a Carlos Augusto como ele havia conseguido esta LISTA QUENTE de prospects. Ele me respondeu:

— Fui pesquisando. Comprei uma revista que trazia o nome das 500 maiores empresas do Brasil e pedi para pesquisá-las. Enfim, montei um belo banco de dados.

O melhor banco de dados que você pode ter é aquele que você CONSTRÓI. Comprar bancos de dados prontos pode ser um risco. Em todo caso, se o fizer, procure comprar de uma boa fonte.

Se você não souber usar um banco de dados, ele não terá validade alguma. Ter uma base de dados e não utilizá-la com inteligência é a mesma coisa que ter um bom carro e não ter dinheiro para colocar gasolina.

Você deve estar se perguntando: "Como devo agir com base em um bom banco de dados?"

Oras, nossa venda é CONSULTIVA. O cliente não compra logo no primeiro contato. Se deseja vender em cima de uma boa base, tenha em mente que deve enviar sua PUBLICIDADE, por exemplo, via correio ou e-mail, e CONTATAR O CLIENTE POR TELEFONE, logo em seguida.

Muitas pessoas enviam mala-direta, e-mail marketing, mas não realizam AÇÕES com os prospects. Sem isso é quase impossível fazer bons negócios. Não se iluda em somente enviar mensagens; é preciso complementar com TELEMARKETING OU E-MAIL PARA QUEM RECEBEU SUA MENSAGEM.

Lembre-se: nossa venda é CONSULTIVA. Não é de impacto. Tem de ter uma AÇÃO sobre ela.

Temos de despertar o interesse do cliente por nossas palestras. Há um MERCADO no qual o cliente está predisposto a comprar, pois fará uma convenção para a qual necessita de palestrantes. Até aí, tudo bem. Agora, há outro mercado, em que você tem de despertar no cliente o desejo de comprar uma palestra.

Há muito tempo li a seguinte frase de Frank Bettger: "Ninguém quer comprar nada. Se alguém quiser comprar, ele sai e compra, mas se o seu produto ou serviço resolve algum problema de minha empresa, não precisa vender nada, eu compro".

Se você quer despertar no cliente o desejo de comprar sua palestra, tenha certeza de que ele somente desejará seu produto ou serviço se resolver algum problema dele.

Michael Malaghan tem uma frase incrível: "Ataque o mercado o tempo todo". Tente vender para quem necessita comprar. Por exemplo, empresas que realizam convenções todo ano, e também para quem não tinha em mente fazer uma convenção, ou um treinamento.

Prospecte sempre! Michael Malaghan disse ainda: "Quanto mais você prospecta, mais seu nome fica conhecido, e os clientes preferem comprar de nomes conhecidos".

CAPÍTULO 24

CONSTRUA PARCERIAS ESTRATÉGICAS PARA ALAVANCAR SUA CARREIRA

CAPÍTULO 24

CONSTRUA PARCERIAS ESTRATÉGICAS PARA ALAVANCAR SUA CARREIRA

Chet Holmes, grande especialista em vendas nos Estados Unidos, sempre pergunta: "Quais são os parceiros dos seus sonhos?".

Quem tem clientes que podem se tornar seus clientes? Quem tem amigos que podem se tornar seus clientes? Que tipo de parceria você pode fazer para alavancar seu nome ou marca?

Certa vez, eu estava no Aeroporto de Guarulhos quando vi um livro intitulado NÓS QUEREMOS QUE VOCÊ FIQUE RICO, dos autores Donald Trump e Robert Kyosaki. Eles fizeram uma parceria para escrever um livro. Achei genial, pois os dois alavancaram ainda mais a marca de cada um.

É muito importante fazer alguma parceria ou aliança estratégica. Isso pode alavancar rapidamente sua carreira. Não tenha medo de se aliar com alguém para deslanchar.

Uma boa forma de aliança é, em conjunto, gravar um DVD ou escrever um livro.

Uma aliança, quando bem feita, tem efeito ENORME para ambos os aliados. Eu fiz uma aliança para escrever o livro MÁ-

QUINA DE VENDAS com o grande palestrante José Luiz Tejon. Devo a ele esse livro, afinal foi quem me convidou para escrevê-lo. O livro me deu uma visibilidade incrível.

Napoleon Hill reergueu sua carreira graças a W. Clement Stone. Quase no fim de sua carreira, ele cruzou com Clement Stone e juntos fizeram uma parceria muito forte. Clement Stone era um milionário da área de seguros e fã de Napoleon Hill. Juntos, os dois organizaram seminários por todos os Estados Unidos. Eu pergunto: "O que seria de Napoleon Hill se não tivesse feito a aliança com Clement Stone?".

Se você tem a oportunidade de se aliar com outro palestrante, ou alguém do mercado, faça uma análise, veja se realmente vale a pena, e faça isso de forma inteligente. Será bom para os dois lados.

Você pode fazer outro tipo de aliança para divulgar suas palestras. Conforme falei em outro capítulo, você necessita de uma BASE DE DADOS bem apurada para divulgar suas palestras.

Imagine que você venda palestras de vendas. Quem compra suas palestras? Geralmente, empresas que necessitam treinar constantemente seus vendedores. Um gerente de vendas é um alvo para você? Claro que sim! Onde você pode localizar gerentes de vendas? Que revistas eles assinam? Que tal fazer uma parceria com a revista para treinar os vendedores dela? Em troca, a revista divulga suas palestras. O que acha?

Isso é uma parceria boa. Quem tem os clientes de que você necessita? Por mais que você prospecte clientes, jamais "abraçará" todos os que têm potencial para comprar seu produto. Não existe método de prospecção capaz de atingir a todos esses clientes.

Julio Conte estava com a carreira praticamente acabada. Fazia uma palestra a cada 60 dias. Não via saída para sua carreira. Porém, uma aliança estratégica a fez DECOLAR de uma hora para outra. Ao cruzar com ele num hotel de luxo no Centro do Rio de Janeiro, perguntei:

— Julio, como você está? Como está sua carreira?

Ele respondeu:

— Fiz uma parceria com uma revista de negócios, e ficou acertado que eles divulgariam meu nome para 15.000 assinantes.

— E você teve retorno? — perguntei.

— Claro que tive, e muito! Antes eu somente pensava em melhorar meu produto, e esquecia de prospectar novos clientes. Todo o meu foco estava em melhorar a palestra. Precisamos focar no produto, mas não podemos nos esquecer de ter um SISTEMA EFICIENTE DE VENDAS.

Júlio estava certo. Não podemos focar somente na melhoria da palestra, também temos de nos PREOCUPAR em como vendê-la. O que ele fez foi detectar que os assinantes da revista eram seus possíveis clientes.

Fiz mais uma pergunta a ele:

— Como você negociou sua divulgação na revista?

— Fiz uma PERMUTA. Eles divulgaram minhas palestras para sua base de dados através de e-mail marketing, e em troca realizei um treinamento com a equipe deles e estou divulgando a revista em minhas palestras — respondeu ele.

— Envolveu algum acordo financeiro?

— Não, nenhum acordo financeiro.

O que Júlio fez é o que recomendo para vários palestrantes. O grande SALTO não é divulgar seu trabalho para sua base de dados, onde todos o conhecem. O PULO DO GATO é divulgar seus trabalhos na base de dados de seus PARCEIROS.

CAPÍTULO 25

COMO PAGAR POR SUA DIVULGAÇÃO

CAPÍTULO 25

COMO PAGAR POR SUA DIVULGAÇÃO

Você tem dinheiro no banco? Se tiver, trate de guardá-lo, pois os empreendedores com dinheiro são um problema sério! Isso mesmo. Um empreendedor com dinheiro é uma BOMBA ATÔMICA.

Se você quer ser um palestrante com certeza é um EMPREENDEDOR, e caso tenha dinheiro no banco, sugiro enviá-lo para um lugar onde não possa sacá-lo. Isso mesmo. Tire o dinheiro de perto de você.

O empreendedor com dinheiro geralmente acha que suas ideias são boas e que tudo dará certo, mas na prática, não dá.

Aprenda a pagar com permuta. Se você tem conhecimento, ele deve ser sua moeda. Imagine que você não tenha dinheiro no banco, e que o único capital de que dispõe é o que está dentro de sua cabeça.

John Ferry, ao tomar a decisão de ser palestrante, tinha um bom dinheiro guardado, recebido como indenização da empresa da qual acabara de sair. Após seis meses, ele não tinha mais nada. Havia perdido tudo.

É claro que todo EMPREENDEDORISMO necessita de dinheiro. Sei disso muito bem, mas no nosso caso o forte não é o dinheiro, e sim o CONHECIMENTO.

Aprenda a PERMUTAR com palestras tudo de que necessita — coachings, consultorias, etc. A PERMUTA deve fazer parte de seu dia a dia. Pagar por um produto com serviço deve se tornar um hábito. Anúncios em revistas, rádios, jornais, etc. podem ser negociados com seu conhecimento.

É fácil fazer isso? Não, claro que não. Ainda mais se seu CPF ou CNPJ estiver LIMPO, pois você vai querer pagar pelos serviços que contrata. As pessoas querem lhe dar crédito, mas eu refaço o ALERTA: um empreendedor com dinheiro é um "barril de pólvora".

Uma frase para você pensar: "Numa casa, quando o empreendedorismo entra por uma porta, o casamento sai por outra".

Você pode achar que estou exagerando, mas é a realidade. Quando o marido ou a mulher querem seguir carreira solo, montar um negócio, arriscar em algo que não é garantido, como se tornar um palestrante, eu aconselho a "blindar sua casa". Blinde sua casa! Se quiser apostar dinheiro em sua carreira, avise sua esposa ou seu marido que irá arriscar tudo e EXPLIQUE o que pode acontecer de errado. Deixe as coisas claras para todos na sua casa. Não esconda nada. Mostre o pior cenário possível em caso de nada dar certo.

Já vi inúmeros casamentos acabarem e famílias se separarem, porque um dia alguém quis ser empreendedor e perdeu tudo. Não se iluda em achar que isso não pode ocorrer com você. O endividamento de um pai ou de uma mãe de família é um fardo muito pesado para CARREGAR. Não faça dívidas para ALAVANCAR seus sonhos. Vou repetir: NÃO FAÇA DÍVIDAS PARA ALAVANCAR SEUS SONHOS. Procure fazer um plano no qual o CAPITAL INVESTIDO será apenas sua inteligência.

Poucos fazem isso. Eu só aprendi essa lição depois de quase falir três ou quatro vezes.

Um diretor meu me dizia: "Em todo PROJETO, a única coisa de que temos certeza é a DESPESA". Ele tinha toda razão. A despesa é a única coisa certa em qualquer projeto.

Se você não tem estômago para administrar riscos, como falta de dinheiro, não se ARRISQUE. Nos momentos difíceis você pensará: "Por que me meti nisso? Eu estava tão bem no que estava fazendo...".

Pense bem: O que você vende? CONHECIMENTO. Certo? Por que você precisa de um belo escritório, de um assistente, etc. e tal? Responda: Para que gastar com estrutura se o cliente nunca o visita? Sei que é muito bom ter uma secretária/assistente para controlar sua agenda, fazer contato com os clientes, mas verifique se seu CUSTO FIXO está alto. CUSTO FIXO alto ou desnecessário é sinônimo de CARGA PESADA. Você trabalha para todo mundo, menos para você. Fique atento quanto a isso.

Sua carreira pode ter altos e baixos. Há meses em que venderá várias palestras, e há outros em que não venderá. Qual o problema? Fazer dívidas quando o período está bom.

Não faça dívidas. Conheço palestrantes que têm uma carreira normal, realizam quatro ou cinco trabalhos por mês e gozam de uma SAÚDE FINANCEIRA invejável. Tudo o que ganham, guardam. Faça isto: Tudo o que ganhar, guarde.

Invista em coisas nas quais o dinheiro trabalha para você, e não o inverso. Ouvi de Matthias Schmelz, milionário empresário alemão: "Não diversifique seus negócios, e sim seus investimentos".

Não fuja da rota. Se você tem dinheiro sobrando, aplique em algo que possa trabalhar para você à noite. Lembre que a única fonte de receita para sua família pode ser você, PALESTRANTE.

CAPÍTULO 26

CONQUISTANDO O TOPO

CAPÍTULO 26

CONQUISTANDO O TOPO

Nos últimos 15 anos, acho que já "beijei a lona" pelo menos quatro vezes.

Independente de sua profissão, tenha certeza de que "beijar a lona" faz parte do negócio. Não há como ser EMPREENDEDOR sem cair. Aprenda o significado da palavra RESILIÊNCIA, ou seja, o PODER DE RESSURGIR DAS CINZAS.

Pedras no caminho, você sempre terá. O que não pode é deixar de removê-las. Todos temos o direito de errar. Todos, sem exceção. O que atrapalha é achar que depois de um erro jamais conseguiremos a vitória. Muitos desistem porque erram e acham que não podem mais acertar. Errar faz parte do jogo, e desistir não pode fazer parte do seu jogo.

Sempre que treino novos palestrantes, falo pelo menos 15 minutos sobre isso. Eu digo, em voz alta, "Retire as pedras do caminho!".

Retirar as pedras do caminho é o ponto-CHAVE para sermos bem-sucedidos em qualquer lugar, e na carreira de palestrante isso tem de ser levado a FERRO E FOGO, até porque trabalhamos com as nossas EMOÇÕES e as dos outros.

As pedras nos impedem de caminhar, de sermos bem-sucedidos, de sermos mais felizes.

George Foreman foi um grande boxeador. Perdeu tudo o que havia acumulado, porém tinha no coração algo que era uma verdadeira PEDRA. No auge de sua carreira, ele já havia humilhado muitas pessoas. Após a queda, ele procurou pessoalmente cada um que havia magoado e se desculpou pelas ofensas. Assim, ele retirou as PEDRAS do caminho e voltou a ser bem-sucedido.

Confesso que já li mais de 300 livros de autoajuda, artigos e muito mais. E uma das frases que mais me impactou foi esta, de Quentin Tarantino: "As pessoas não perdem talentos, o que elas perdem é a vontade de vencer". Pare e pense: ninguém perde o talento. Ele é divino. Deus fez a parte dele, então não podemos perder a VONTADE DE VENCER. AGORA É COM VOCÊ! CONTE COMIGO!

Impressão e acabamento
Imprensa da Fé